AL BORDE DE LA GUERRA

JULIO CAMBA

AL BORDE DE LA GUERRA

ARTÍCULOS ESCOGIDOS
1934-1936

PÁGINA INDÓMITA

Diseño de cubierta y composición: Ángel Uzkiano
Imagen de cubierta: Guardias civiles en la Revolución de Asturias
Impresión y encuadernación: Romanyà Valls
Primera edición: marzo de 2026

ISBN: 979-13-990995-5-3
Depósito legal: C-2097-2025

ÍNDICE

NOTA A LA PRESENTE EDICIÓN

Cuando se proclama la Segunda República en 1931, Julio Camba decide regresar a España desde Nueva York, donde es corresponsal del diario *ABC*. Consagrado ya como uno de los mejores columnistas del país, recibe el cambio político con esperanza, pero, al igual que otras destacadas figuras como Ortega y Unamuno, no tarda en experimentar la decepción: ve en la República, más que un cambio de régimen, un cambio de nombre del régimen, y echa en falta un nuevo espíritu público.

La censura clava entonces la mirada en Camba, y los periódicos españoles, deseosos de eludir los conflictos con la Administración, rechazan los artículos del autor cada vez con mayor frecuencia, lo que constituye un verdadero problema para él, pues dichos artículos representan su forma de ganarse la vida.

Pero el director de la editorial CIAP, Pedro Sainz Rodríguez, se compromete a comprarle todos los textos rechazados —pagándole el mismo precio que le hubiese pagado el periódico— para conformar después con ellos un libro. Y fruto de ese acuerdo verá la luz en el verano de 1934 *Haciendo de República*, volumen que hemos reeditado recientemente en Página Indómita y que incluye esos escritos mencionados y los que se publicaron en el diario *ABC* en los meses de junio y julio, apenas semanas antes de que el libro viese la luz.

Dadas las circunstancias, y la extemporaneidad de algunos pasajes de la obra, no es de extrañar que esta fuese recibida con duras críticas en la prensa republicana y que no cosechase el éxito de los libros previos. El autor pagaba así el peaje de su radical independencia.

Sin embargo, desde esas fechas, y en especial desde el estallido de la Revolución de Asturias, en octubre de 1934, hasta el golpe de Estado que daría comienzo a la Guerra Civil en julio de 1936, Camba consigue volver a publicar asiduamente en la prensa.

En este volumen ofrecemos al lector una selección de esos artículos, en los que el autor aborda la situación social y política de una España marcada por el auge de los extremismos y el deterioro de la convivencia. Y después, centra su atención en el orden internacional de entreguerras, representado por la Sociedad de las Naciones, un orden que comienza a descomponerse ante el avance de las tendencias totalitarias.

Fiel a su espíritu ácrata, Camba dirige su afilada ironía contra los poderosos, contra la politización de todos los ámbitos de la vida y contra otros aspectos de la sociedad de su tiempo. Así, desde una España y un mundo camino del desastre, nos ofrece toda una lección de periodismo independiente y lucidez intelectual que cobra hoy una inquietante vigencia.

Todos los artículos aquí incluidos fueron publicados en el diario *ABC,* salvo el último, que vio la luz el 9 de junio de 1936 en *Ahora,* periódico para el que el autor trabajó como corresponsal en Londres desde inicios de ese año hasta el comienzo de la Guerra Civil.

En general, hemos respetado el orden cronológico, modificándolo solo ocasionalmente y en aras de la ilación temática —la fecha exacta de publicación de cada uno de los textos aparece bajo el título de los mismos—. Cabe señalar además que las notas al pie de página, que ofrecen información de contexto, corresponden a la presente edición.

AL BORDE DE LA GUERRA

LA REVOLUCIÓN SIN LÍMITES[1]
ABC, 4 de noviembre de 1934

A mí no me sorprenden lo más mínimo las atrocidades cometidas por los revolucionarios en Asturias. Al contrario, las considero tan sólo como una pequeña muestra de lo que hubiera ocurrido en toda España si llega a triunfar la Revolución. En punto a horrores, la Revolución española hubiese dejado tamañita a la Revolución rusa, y no porque nuestra Revolución tuviese un ideal más avanzado que la Revolución bolchevique, sino, sencillamente, porque no

[1]. El autor aborda en este artículo, así como en varios de los siguientes, la Revolución de Asturias y sus consecuencias. El contexto es, de manera resumida, el que sigue: a principios de octubre de 1934, la crisis gubernamental y la posterior entrada de varios ministros de la CEDA en el gobierno de Lerroux es contemplada por la izquierda como una amenaza fascista. El día 5 del mismo mes, apenas 24 horas después de conocerse la formación del nuevo gabinete, estalla la huelga general revolucionaria, conocida como Revolución de octubre de 1934, que se prolonga hasta el día 19. Los principales focos de la rebelión son Cataluña, donde el día 6 el gobierno de la Generalidad presidido por Lluís Companys, de Esquerra Republicana, proclama «el Estado Catalán de la República Federal Española» —lo que lleva al gobierno español a decretar el estado de guerra, enviar al ejército y, tras sofocar rápidamente la rebelión, suspender la autonomía catalana— y sobre todo Asturias, donde tienen lugar los sucesos más graves. En esta región, a

tenía ideal de ninguna clase. No tenía ideal, no tenía propósito, no tenía objetivo y no podía, por tanto, tener tampoco límites previsibles. Es decir, que, en buena lógica, no había razón alguna para que nuestra Revolución respetase a los monaguillos y sacristanes después de haber degollado a todos los curas, y que lo mismo hubiese podido durar un par de horas que prolongarse indefinidamente por los siglos de los siglos.

Desde luego, todo movimiento revolucionario tiene como consecuencia un desbordamiento de las pasiones y ocasiona forzosamente crímenes y crueldades, pero aquí las cosas ocurrieron de otra manera. Aquí no se desbordaron las pasiones a consecuencia de la Revolución, sino que se decretó la Revolución precisamente para que se desbordasen las pasiones. Se tomó a esos pobres mineros de la cuenca asturiana, se les fue hinchando poco a poco de odio y de rencor y, cuando estuvieron a punto, ¡zas!, se les envió hacia el llano para que reventasen como sapos en medio de esta sociedad corrompida, que había cometido la avilantez

---

diferencia de lo ocurrido en el resto del país, la Alianza Obrera revolucionaria propuesta por el PSOE y la UGT, liderados por Largo Caballero e Indalecio Prieto, cuenta con la participación de la Confederación Nacional del Trabajo (CNT) y la Federación Anarquista Ibérica (FAI).

Del 5 al 18 de octubre, Asturias conoce la revolución social de la mano de un ejército rojo compuesto por unos 30 000 obreros armados: los mineros asturianos toman el control de gran parte de la región, ocupando fábricas, enfrentándose al ejército e instaurando un régimen socialista en las localidades dominadas por los socialistas (o los comunistas) y un régimen comunista libertario allí donde predominan los anarcosindicalistas. El gobierno responde enviando al ejército, dirigido desde Madrid por el general Franco, quien decide emplear a las tropas coloniales marroquíes y a la Legión y reprimir la revuelta con extrema dureza: el conflicto concluye con más de un millar de muertos, miles de heridos y cerca de 30 000 detenidos.

de votar al Sr. Gil-Robles en vez de votar a los amigos del Sr. Prieto y el Sr. Largo Caballero.

Para los dirigentes del socialismo español la Revolución no era un medio, sino un fin. No era un procedimiento para transformar la sociedad, sino una plaga para exterminarla en forma de que, al no servir para ellos, no sirviese tampoco para nadie. No de otro modo se comprende el que nos estuviesen amenazando con la Revolución a todas horas. «Por lo visto —escribía yo ya en estas mismas columnas a comienzos del verano—, los socialistas españoles, o, a lo menos, sus dirigentes, se imaginan la Revolución social como una hecatombe, como una catástrofe espantosa, que ellos no desencadenarían nunca más que viéndose muy hostigados por sus enemigos y a modo de castigo ejemplar o de venganza sanguinaria. Algo así como si dijéramos el diluvio universal, los terremotos del Japón o las inundaciones del Misisipí».[2]

Y si éste es el espíritu con que los dirigentes socialistas predicaron la Revolución, ¿cómo puede sorprenderle a nadie lo que ha ocurrido en Asturias? Si en Rusia, donde la Revolución tenía un objeto concreto que la encauzaba y la limitaba, se cometieron los crímenes cuyo recuerdo estremece aún al mundo, ¿cómo pueden sorprenderle a nadie los crímenes de esta Revolución nuestra, desencadenada, en señal de protesta, contra el Gobierno del Sr. Lerroux? Para implantar el comunismo se puede estar matando gente tantos o cuantos días, hasta que el comunismo esté implantado. Y, si la protesta consistía precisamente en implantar el comunismo, ¿es que los dirigentes socialistas no creen

2. J. Camba, «La mano que aprieta», *ABC,* 17 de junio de 1934 —incluido posteriormente en el volumen *Haciendo de República* (1934), Página Indómita, Barcelona, 2026.

que este sistema social se justifique por sí propio y lo consideran tan sólo como un sistema social de protesta contra ciertos y determinados políticos burgueses?

En fin, de todos modos, y parodiando una frase ya célebre, es indudable que en Asturias no ha ocurrido nada más que lo que tenía que ocurrir.

LA BATA BLANCA DEL CAUDILLO
ABC, 2 de noviembre de 1934

Probablemente, el Sr. Largo Caballero se imaginará de buena fe que está preso por revolucionario.[1] ¡Qué error de interpretación!

—A usted lo han detenido por robar un caballo, ¿verdad? —le pregunta el juez a un *cowboy,* en una comedia americana del Oeste.

Y el *cowboy* le responde:

—Todo lo contrario, señor juez. Si me detuvieron, fue por no haber robado caballo ninguno. ¿No comprende usted que, de haber podido robar un caballo, yo estaría a muchas leguas de aquí?

Es el caso del Sr. Largo Caballero, quien, dígase lo que se diga, no dio con sus huesos en la cárcel por hacer la Revolución, sino, precisamente, por no hacerla. Por hacer la Revolución —una Revolución que iba, ante todo, contra

1. Francisco Largo Caballero, por entonces presidente del PSOE, había radicalizado sus planteamientos un año antes, cuando había comenzado a abogar por la «vía revolucionaria» hacia el socialismo, lo que hizo que se le apodase como «el Lenin español». Fue detenido y encarcelado el 14 de octubre como cabecilla de la Revolución, y permaneció recluido hasta su juicio en noviembre de 1935, en el que fue absuelto por falta de pruebas.

la organización actual de la propiedad y de la familia—, lo hubiesen acribillado a tiros en la calle o lo hubiesen cogido prisionero en una barricada; pero no lo habrían detenido, como lo detuvieron, vestido con una bata blanca y rodeado de los suyos, en una casa de la que era propietario.

Si lo detuvieron de esa manera que pone en la Revolución española una nota tan original, no fue por lo que el Sr. Largo Caballero tenía de revolucionario, sino por lo que tenía de burgués. Veinte años de dirigente socialista convierten en burgués al más pintado, y, en el fragor de la lucha, al oír cómo los jóvenes se jactaban de estar incendiando viviendas y cometiendo otros desmanes contra la propiedad y contra la familia, el Sr. Largo Caballero no se pudo contener. Pasara lo que pasara, tenía que ir junto a los suyos, cerciorarse de que todos estaban bien, inspeccionar su finquita, a ver si por casualidad las turbas habían causado en ella algún destrozo y, luego, ya tranquilo en lo tocante a estos extremos, ponerse sus buenas zapatillas caseras y, convenientemente enfundado en su preciosa bata blanca, arrellanarse, por lo menos, un par de horas, en su butacón habitual. Claro que el Sr. Largo Caballero se exponía a una detención inmediata; pero ¡quién sabe a lo que estaba expuesto en la calle! Al desencadenar la Revolución, el señor Largo Caballero no suponía que donde los sentimientos burgueses le iban a oponer al ímpetu revolucionario una mayor resistencia era dentro de su propio espíritu.

Eso fue, sin embargo, lo que ocurrió, y todavía imperaba en las calles el más horrible desorden cuando en el espíritu del señor Largo Caballero no quedaba ya ni un solo foco de rebelión. Al oír los primeros disparos, su condición de burgués se le reveló súbitamente, y desde entonces, este hombre, que en días lejanos había vestido la blusa del obrero y en días muy próximos la casaca del ministro, no tuvo más que una obsesión: la de correr a su casa y ponerse la bata blanca de la domesticidad. Es, poco más o menos, lo que todos habíamos previsto. ¿No le habíamos dicho, en efecto, mil y mil veces, al señor Largo Caballero, que él era total y fundamentalmente un burgués?

Era un burgués que actuó de revolucionario hasta el momento de la Revolución. Si la Revolución hubiese triunfado, es muy posible que, a estas horas, los Tribunales del pueblo le hubiesen juzgado ya por su conducta burguesa; pero la Revolución fracasó y, afortunadamente para él, el señor Largo Caballero sólo será juzgado ahora por los Tribunales de la burguesía, en virtud de su actuación revolucionaria.

LA ORTOGRAFÍA DE LA REVOLUCIÓN
ABC, 8 de noviembre de 1934

Cuando, en estas aldeas de las Rías Bajas donde yo apuraba aún mi veraneo, vi aparecer los primeros anuncios de la Revolución, confieso que no me alarmé gran cosa. «Campesinos, no *bayiais* al trabajo», decían unos letreros al almagre pintados en los muros de las escuelas, las tabernas y las casas de labor. *«Biba* la *guelga* general», *«Biba* la *Rebolución», «Abago* el *burgés».*

—Es inútil —pensé yo para mí— que estos hombres quieran echárselas de feroces ni de sanguinarios. Sólo con un alma muy pura se puede vivir en este estado de inocencia respecto a las leyes ortográficas más elementales...

Pero luego vi más letreros, de los que recuerdo literalmente éste: *«Travagadores, ha* la *ghuelga».* Y entonces se me ocurrió que acaso no todo fuese inocencia en una acumulación de errores tan espectacular. Por inocencia, en efecto, se puede cometer de vez en cuando alguna falta que otra de ortografía, pero allí no estábamos ante faltas de ortografía, sino ante verdaderos excesos. ¿Habrían recibido los revolucionarios órdenes del Comité central para iniciar una ofensiva a fondo contra la ortografía burguesa? ¿Trataría tal vez la Revolución de crear un nuevo sistema ortográfico? Y, en caso afirmativo, ¿cómo respetaba, por

23

ejemplo, la hache, que es una letra de lujo, y que no se me alcanza el papel que pueda estar llamada nunca a desempeñar en una ortografía realmente proletaria? ¿A qué las mayúsculas, símbolo de jerarquía? ¿A qué, en fin, las gazmoñas y sacristanescas íes latinas?

Todavía están visibles los letreros a que me refiero, en las mismas paredes donde, ya más desvanecidos, aparecen otros de fechas anteriores: «Votad a Isabelino Eiras, que ni roba ni deja robar», «¡Viva el comunismo libertario!», «¡Votad a Gil-Robles!», «¡Muera Gil-Robles!», etc., etc. ¡Lástima grande que todos estos letreros no sean debidamente fotografiados para formar con ellos una colección nacional, porque en esta colección, mejor que en ninguna otra, sería donde se pudiera estudiar, paso a paso, el día de mañana, la historia de nuestras luchas políticas desde el advenimiento de la República! Los periódicos son más difusos y menos populares, ya que no están escritos por todo el mundo. Además —gracias, generalmente, al corrector de pruebas—, todos ellos suelen aparecer sin faltas de ortografía, y —en un lenguaje de frases hechas como el que venimos usando desde hace tres años los españoles— las faltas de ortografía suelen ser lo único interesante para el investigador. Son el matiz, el claroscuro, la confesión involuntaria, el dato psicológico casi *prendiano*...

Yo no quiero generalizar atribuyéndole a toda la Revolución unas manifestaciones ortográficas cuyo origen es, sin duda, puramente local. No. No quiero generalizar respecto al hecho concreto, pero cuando unos hombres de ortografía enteramente precaria se atreven a apostrofar con ella a la sociedad, como si la mala ortografía constituyese una virtud, es que alguien les ha trastornado la cabeza. Se puede ser ignorante, pero sin petulancia. Se puede desconocer que dos y dos suman cuatro, pero teniendo cuidado de no exhibir este desconocimiento con demasiada pedantería. Y si la ignorancia es cosa de siempre, la pedantería de la ignorancia, en cambio, es un fenómeno único y exclusivo de esta época tan agradable en que nos ha tocado vivir.

LOS DOS COMPLEJOS
ABC, 15 de noviembre de 1934

Miles de fusiles y centenares de ametralladoras, toneladas y toneladas de dinamita, aparatos lanzallamas, morteros, obuses, bombas de mano, carros blindados, gases mortíferos, líquidos inflamables, camiones y ferrocarriles para el transporte de tropas y de vituallas, ¡qué sé yo!... Los revolucionarios contaban con todos los elementos de combate necesarios para su triunfo, pero en el momento decisivo, cuando cada hora y cada minuto podían tener una importancia capital, se pusieron a matar curas y a comer jamones. Y eso fue lo que los perdió.

Naturalmente, yo comprendo que los mineros de Asturias necesitaban algún esparcimiento, ya que, desde hacía varios años, se habían privado del cine y demás diversiones con objeto de allegar fondos para adquirir material de guerra; pero una Revolución no es una romería.

Una Revolución es un movimiento para incautarse del Estado con la mayor celeridad posible, y todo lo que se aparte de este objeto primordial puede poner su éxito en peligro. Si tal convento, por ejemplo, ocupa una posición dominante, estará bien que la Revolución procure apoderarse de él aunque no se trate precisamente de una Revolución anticlerical, pero si, por el contrario, el convento carece de valor estratégico, no habrá en todo el mundo bastante anticlericalismo para justificar su asalto por las fuerzas revolucionarias. En una Revolución todo tiene que ser rapidez, precisión y eficacia, y si, técnicamente, la piedad constituye un estorbo para el buen revolucionario, dicho se está que la crueldad constituye, a su vez, otro nada menor. Es decir, que una Revolución no podrá detener su curso por respeto al sueño inocente de un niño, pero mucho menos aún deberá detenerlo por la voluptuosidad —que yo no discuto— de chamuscar, pongamos por caso, unos cuantos sacerdotes a la dinamita.

Los crímenes de Asturias no eran, por tanto, necesarios al éxito de la Revolución, la cual, si fracasó, fue precisamente, y a lo menos en gran parte, por el tiempo que los revolucionarios perdieron en cometerlos.

Y es que no se puede hacer una Revolución para cometer crímenes y comer jamones, por cómoda que resulte la adquisición de estos productos alimenticios mediante el sistema de vales. Si con todo su material de guerra, tan abundante y tan moderno, los revolucionarios españoles no tenían otras miras de más amplitud, bien pudieron organizar un motín en la plaza de la Cebada o una algarada en los Cuatro Caminos, dejando la Revolución social para gentes que entendieran de eso. No vale pasarse la vida hablando de Marx y de Lenin cuando no se tiene en la cabeza más ideología que la de *El Cencerro*. Antes de adquirir tanques o ametralladoras, antes de constituir comités de acción y antes de formar milicias más o menos disciplinadas, nuestros revolucionarios tendrán en lo sucesivo que curarse de dos complejos: el complejo anticlerical y el complejo jamonil.

DIBUJOS DE ALMOHADÓN
ABC, 12 de noviembre de 1934

¿Han visto ustedes el famoso desfile de las juventudes rusas por la Plaza Roja de Moscú? Yo acabo de verlo por segunda vez en un cine de provincias, y reconozco que es algo imponente. Doscientos mil atletas de ambos sexos van penetrando a paso gimnástico en aquella plaza descomunal que recuerda la estepa, y aunque la cámara procura escamotear a algunos que tienen los omoplatos demasiado salientes o las costillas excesivamente pronunciadas, se ve que llevan todos, por lo menos, quince días de buena alimentación. Unos son jugadores de *football*, otros son remeros; otros, nadadores; otros, ciclistas, etc., etc. Cada equipo ostenta sus atributos especiales con los que, en correcta formación, pasa ante la tribuna del Gobierno saludando solemnemente. Y luego, ya todos juntos, es de ver cómo se combinan unos atletas con los otros, formando círculos, rombos, estrellas de siete puntas y toda suerte de figuras de almohadón. El viejo Kalinin sonríe con su barbita, y Stalin, cuyos bigotes parecen más de domador que nunca, se dirige a los invitados del Cuerpo diplomático como si quisiera decirles:

—¿Qué tal? Algunos latigazos ha habido que repartir, no cabe duda, pero ahí tienen ustedes el resultado. ¡Esto sí que es un pueblo y no las birrias que tienen ustedes en sus casas!...

Como digo, yo acabo de ver este *film* por segunda vez, y todo lo que se me ocurrió pensar mientras lo veía es que de buena nos habíamos librado los españoles. En efecto, amigo lector, si nuestra Revolución llega a triunfar, ¿cuánto no se hubieran divertido los señores Prieto, Largo Caballero y demás conspicuos, cada uno con su buen puro, contemplando desde lo alto de una tribuna cómo usted y cómo yo, vestidos de azul, de blanco, de rosa o de amarillo según el equipo a que perteneciéramos y en unión de cien mil o doscientos mil ciudadanos más, formábamos con nuestros cuerpos en la Puerta del Sol esos sorprendentes y variados dibujos de colores a que es tan aficionada la Internacional socialista: estrellas, flores, pajaritos, corazones atravesados por una flecha, etcétera, etc...

El espectáculo, evidentemente, sería maravilloso. Unos perros amaestrados los presenta cualquiera. Unas focas amaestradas ya es cosa más difícil. Unos rusos amaestrados es mucho más difícil aún, y unos españoles amaestrados eso no se ha visto nunca todavía y, o mucho me engaña el amor propio nacional, o constituiría el asombro del mundo. Los señores Prieto y Largo Caballero recibirían, por consiguiente, las felicitaciones más calurosas a cuenta de nuestro trabajo y, cuando no quedasen ya aquí ni siquiera raíces para comer, lo que, desde luego ocurriría muy pronto, siempre les quedaría a dichos señores el recurso de exhibirnos a tanto la entrada ante las naciones extranjeras.

Es decir, que si aquí llega a triunfar la Revolución, lo peor no sería el taller, la fábrica ni la mina. Gordo y pesado como estoy, yo no tendría mayor inconveniente en ponerme a partir piedras, pero no podría resignarme nunca a ser utilizado como un punto de seda en esas grandes madejas humanas con que una aguja invisible iría bordando en los días solemnes, sobre el piso de la Puerta del Sol, del *Stadium* o de la plaza de toros, grecas y arabescos del gusto más cursi para que las esposas de los comisarios del pueblo se quedaran embobadas y exclamasen:

—¡Qué bonito! Parece el *Desfile de candilejas,* pero más en grande, ¿verdad?

O bien:

—Voy a tomar nota para unos cojines que necesito en el recibidor...

Todo antes que esto, amigo lector, y de ahí el que, viendo el noticiario de Moscú y relacionando lo que pasa en Rusia con lo que pudo pasar en España, yo no haya podido por menos de pensar que nos habíamos librado de buena. Nos hemos librado de momento y como por arte de birlibirloque, eso sí; pero, en fin, lo importante es que por ahora estamos libres todavía.

PARÍS, LONDRES, BERLÍN Y BARCELONA
ABC, 29 de noviembre de 1934

¿Que qué me pasó a mí con los catalanes el año diecisiete? Pues verá usted, amigo lector.

El año diecisiete, con casi todas las fronteras cerradas a causa de la guerra, se me ocurrió ir a Barcelona. No es que yo creyese gran cosa en el hecho diferencial, pero, si Cataluña no era todavía el extranjero, los nacionalistas hacían cuanto podían para que lo fuese. Era, como si dijéramos, el extranjero del pobre y, aunque yo estaba habituado a un extranjero auténtico, no tuve más remedio que transigir y conformarme con la imitación catalana.

Por aquel entonces yo era un pequeño trotamundos que, con un maletín por toda impedimenta, igual tomaba el transiberiano que me subía a un tranvía. Me ponía a escribir artículos desde un país cualquiera y, a los pocos meses, bien porque yo me hubiese aburrido del país en cuestión, o bien porque el país en cuestión se hubiese aburrido de mí, el caso es que acababa siempre tomando el trole y largándome con la música a otra parte.

Así anduve más de siete años consecutivos, saltando de unas capitales a otras hasta que caí en Barcelona, donde los catalanes me recibieron como si llevasen ya esperándome una larga temporada, esto es, como si después de París,

Londres y Berlín se le admitiese en rigor al coleccionista de metrópolis un punto de duda entre Nueva York y Barcelona, pero una vez visitado también Nueva York, no hubiese ya vacilación posible y Barcelona se impusiera por su propio peso como el complemento indispensable.

Se me dispensó una acogida muy superior a mis merecimientos, lo que, bien mirado, se explica perfectamente. En mayor o menor escala, yo era a la sazón lo que suele llamarse un cronista internacional, y ¿cómo no iban a recibir con júbilo en Barcelona a un cronista internacional? Los cronistas internacionales se definen por el hecho de escribir desde unas naciones para los periódicos de otras, y si yo empezaba a enviar a la prensa de Madrid correspondencias de Barcelona, ¿qué duda podría caberle ya a nadie de que Cataluña y España eran dos naciones distintas?

—¿Y qué? ¿Se va usted a meter mucho con nosotros? —me preguntaban algunos de los amigos que me había hecho al llegar.

—¡Hombre, por Dios! ¡No faltaría más! —contestaba yo—. Si estoy encantado en Cataluña...

Yo hablaba sinceramente, porque, en efecto, Cataluña me parecía entonces, como ahora, un país admirable por todos conceptos, pero mis interlocutores querían que me metiese con ellos a toda costa. ¿No me había metido —vamos a decir— con los alemanes y con los franceses, con los ingleses y con los yanquis?

—Pues nosotros no vamos a ser menos —me decían—. No tema usted que nos ofendamos. Nada de eso. Lo que sí nos ofendería sería el que usted no se produjese desde aquí en su tono habitual, porque ello demostraría que nos atribuye usted una susceptibilidad verdaderamente provinciana...

La oferta no podía ser más tentadora, pero yo, que como digo, tenía de los catalanes el mejor concepto, no la acepté, y ésta fue la causa de todos mis disgustos. Se equivoca el lector que me escribe al suponer que los catalanes me cubrieron de injurias porque yo me metí con ellos. Todo lo contrario. Me cubrieron de injurias precisamente porque no me metí con ellos. Me pusieron como un trapo porque no quise decirles ninguna cosa desagradable.

En cuanto a lo que ellos me dijeron a mí, es tanto y tan variado que resultaría empresa vana intentar resumirlo en un solo artículo de periódico. Por lo menos, y ya que no se le conceden los honores del libro, habrá que dedicarle al asunto un segundo artículo.

INSULTOS EN SERIE
ABC, 5 de diciembre de 1934

Todo lo que yo escribí desde Barcelona el año diecisiete fue un artículo diciendo que el idioma catalán no constituía problema alguno, y que lo verdaderamente grave de Cataluña era el acento. Cuando dos catalanes se ponen a hablar catalán —afirmaba yo—, como todos entendemos lo que dicen, nos parece que hablan español, y sólo al hablar español, como lo hablan con tanto acento, nos dan la impresión de que están hablando catalán. Si en Cataluña hay, por lo tanto, un hecho diferencial, este hecho es el del acento mucho más que el del idioma. En el acento es donde radica la verdadera personalidad filológica de Cataluña, y mientras toda España, a la que ya en tiempos de Estrabón venía preocupando el acento catalán, lo reconoce así, nuestros gobiernos, siempre mal informados, siguen poniendo la cuestión del idioma en primer término y dedicándole una atención preferente...

Ésta era, poco más o menos, la tesis de mi artículo, y, no bien este artículo fue conocido en Barcelona, cuando cayó sobre mí una verdadera tormenta de injurias. Todos los días me llegaban, por el correo interior, de veinte a treinta cartas, poniéndome como no digan dueñas. Las cartas eran anónimas, naturalmente, porque sus autores, dedicados a adquirir datos sobre mi persona, no habían podido, al parecer, averiguar ninguno acerca de las suyas, lo que les quitaba la necesaria convicción para firmar. Yo iba metiendo en un cajón todas las cartas que recibía, y un día, cuando el cajón estaba ya completamente repleto, me decidí a hacer un expurgo tirando los improperios repetidos al cesto de los papeles y quedándome tan solo con un ejemplar de cada insulto. Así me deshice de más de veinte burros, diez o doce sabandijas, un par de camaleones, bastantes acémilas, etc., etc. Luego cogí los insultos restantes y me puse a clasificarlos por grupos con un método, un rigor y una escrupulosidad que ya quisiera yo ver en muchos laboratorios científicos. Y he aquí, amigo lector, el resultado de aquella clasificación:

Insultos zoológicos.— Animal, Burro, Camello, Hiena, Chacal, Cucaracha, Mosquita muerta. Sabandija. Camaleón. Buey. Becerro. Cocodrilo. Vampiro. Loro, Sapo. Gallina. Ave de rapiña, Acémila. Tigre, Reptil, Besugo. Atún. Rata sabia, Cacatúa.

Insultos botánicos.— Abedul y Alcornoque. (La flora, como puede verse, es mucho menos fecunda para la invectiva que la fauna.)

Insultos profesionales.— Histrión. Danzante. Farsante. *Croupier.* Sacristán. Monaguillo. Chulo. Negrero. Latero. Lacayo. Payaso. Ladrón. Equilibrista.

Insultos literarios.— Quijote y Tartufo.

Insultos mineralógicos.— Adoquín. Marmolillo.

Insultos patológicos.— Idiota. Cretino. Reblandecido. Dispéptico. Tiñoso. Sarnoso. Monstruo. Deficiente mental. Imbécil. Tonto. Loco. Degenerado. Alcohólico. Morfinómano. Bilioso. Raquítico. Megalómano. Menguado. Paranoico. Esquizofrénico. Epiléptico.

INSULTOS ANTROPOLÓGICOS.— Piel roja. Zulú. Judío. Cafre. Pigmeo. Apache. Hotentote. Gitano.

Y, en fin, insultos varios, tales como canalla, granuja, sinvergüenza, bellaco, etcétera, etc.

¿Qué le parece al lector la coleccioncita? Un amigo me aconsejaba que tratase de convertirla en dinero, marchando a América y presentándome allí ante el público como el hombre más insultado del mundo, pero yo no me decidí. La conservo desinteresadamente, y ahora, cuando *El Socialista,*[1] por ejemplo, creyendo haber hecho un hallazgo, me llama burro o abedul, no puedo por menos de sonreírme porque, de no haber tirado al cesto de los papeles los insultos repetidos, yo tendría actualmente en mi colección veintitantos burros, como mínimo, y todo un bosquecillo de abedules.

La serie de insultos con que el año 17 me obsequiaron en Barcelona los nacionalistas catalanes es, evidentemente, de lo más completo, y ¿para qué vamos a engañarnos? Al hablar de ella yo experimento ahora un sentimiento confuso, en el que tal vez haya aún restos de indignación, pero en el que, sin género de duda, predomina la vanidad del coleccionista...

1. Fundado en 1886, el periódico *El Socialista* era, y es, el órgano de expresión del PSOE.

BÁBEL, HOMBRE ANUNCIO

ABC, 16 de diciembre de 1934

Bábel es un literato ruso que —¡oh, maravilla!— desde hace siete años vive cómoda y regaladamente sin escribir ni un renglón. El Estado lo sostiene en calidad de hombre anuncio y paga a toca teja todos sus gastos. Bábel come bien, viste bien y dispone para su respiración particular de setenta y cinco centímetros cúbicos de aire nada menos. La literatura, según las últimas averiguaciones, es un fenómeno de oxigenación, y allá en Moscú, donde el hacinamiento ha hecho preciso racionar la atmósfera, sólo Bábel y los comisarios del pueblo respiran con holgura. El Estado quiere que Bábel esté gordo, sano y alegre, para exhibirlo en los Congresos internacionales de escritores, y decir:

—He aquí el desarrollo que llega a alcanzar la inteligencia bajo el régimen soviético. Así cuidamos nosotros a nuestros literatos. No nos importa que escriban o que no escriban. Con que el Estado les reconozca la condición de literatos, basta y salva. El ejemplar que tenemos el gusto de presentar ante ustedes no escribe nada desde hace siete años, y, mientras en los países capitalistas los escritores que no escriben pasan casi tanta hambre como los que escriben, en Rusia todos engordan, como puede verse...

No cabe duda. Si las informaciones del comunista alemán Ernst Toller son exactas, el Gobierno de los soviets está utilizando a Bábel como un hombre anuncio para desmoralizar a los escritores de los otros países.

—Mientras viváis en un régimen burgués —parecen decirnos los empresarios de Bábel—, seréis siempre unos tristes y paupérrimos proletarios, y sólo cuando implantéis la dictadura del proletariado podréis daros una verdadera vida de capitalistas...

Esto parece decirnos el Gobierno de los soviets; pero, ¡qué quieren ustedes!, yo no pico. Viviendo fuera de Madrid desde nuestra última intentona revolucionaria, no he podido averiguar si mi nombre figuraba en las listas negras o no; pero, desde luego, estoy seguro de que no figuraba en ninguna lista rosa y, de triunfar la Revolución, no sería yo quien consiguiera aquí un enchufe comparable al del camarada Bábel. No. Los enchufes de esa naturaleza se reservarían, como es natural, para los escritores del partido, y lo malo no sería que estos señores cobrasen sin escribir. Nada de eso. Lo malo sería que, encima de cobrar, querrían colocarnos a viva fuerza, y apoyados por el Estado, toda su producción literaria...

LA REVOLUCIÓN Y LA LOTERÍA
ABC, 22 de diciembre de 1934

Fracasada la Revolución de octubre, todo hace creer que, estas Navidades, la Lotería Nacional tenga un éxito inusitado. No diré, ni mucho menos, que Lotería y Revolución sean dos términos equivalentes; pero cuando hay tantas personas que consideran la Revolución como una especie de Lotería y se lanzan a ella para ver si les toca algo, nadie me discutirá a mí el derecho de considerar la Lotería como una Revolución.

Desde luego, la Lotería ha tenido siempre un público enteramente revolucionario, que no resignándose con su condición económica, no confiaba tampoco, para mejorarla, en los procedimientos de tipo evolucionista. Su propósito era forzar la Fortuna con un golpe de audacia, y, al invertir en Lotería todos sus ahorros, ese público se lanzaba a vender o a morir lo mismo que el señor Dencàs, aunque sin tener, generalmente, la retirada a cubierto como el caudillo de la independencia catalana.[1]

1. Josep Dencàs (1900-1966), uno de los líderes de la organización paramilitar los *Escamots* y de las Joventuts d'Esquerra Republicana-Estat Català, era el consejero de Gobernación de la Generalidad de Cataluña cuando tuvo lugar la proclamación del «Estado Catalán», el 6 de octubre de 1934.

Sí, señores. La Lotería es una Revolución y la Revolución es una Lotería. Una Lotería tan injusta como la otra, porque mientras los obreros no pueden llevar en ella más que pequeñas participaciones de a peseta y a dos reales, los jefes juegan vigésimos, medios billetes y hasta billetes enteros.

Hay quien cree que España debe abolir su Lotería, pero si hacemos semejante cosa, tendremos una Revolución cada dos meses. Ya es bastante haber prohibido la ruleta y el treinta y cuarenta, esas dos poderosas válvulas de escape del espíritu revolucionario, para que encima suprimamos la Lotería. El hombre que juega a la Lotería, aunque sólo sean dos pesetas, no es probable que se lance a la Revolución antes de averiguar la suerte que haya corrido su número. Se lanzará luego, al ver que no le tocó nada, pero todo sería cuestión de engatusarlo con ótro sorteo.

Lejos de abolir la Lotería, por lo tanto, convendría hacerla más frecuente y con mayor número de premios. ¿Que, entonces, no habría negocio? Pues que no lo hubiese. Yo llegaría hasta a proponer que el Estado distribuyera en premios mucho más dinero del que recauda vendiendo billetes, porque entonces es seguro que todo el mundo jugaría a la Lotería, y mientas todo el mundo jugase a la Lotería, nadie iba a ponerse a jugar a la Revolución.

LA TRUCHA Y EL TRUCHIMÁN
ABC, 27 de diciembre de 1934

Hoy son muy pocos los escritores que tengan el coraje necesario para ir contra la corriente.

(De un periódico.)

Lector: ¿No ha contemplado usted nunca, desde lo alto de un puente o en cualquier otro lugar a propósito, el espectáculo de las truchas luchando contra la corriente? Allí donde las aguas se encrespan con más ímpetu, allí donde son mayores el fragor y la violencia del río, allí están siempre las truchas, gráciles y ligeras, sosteniendo el rudo combate como si, en vez de un combate, fuese un juego. A veces, en una crecida, el río arroya todo lo que se encuentra al paso, arrastrando consigo piedras, barcazas, troncos de árboles, cabezas de ganado, etc., etcétera, pero a las truchas no las arrastra. Por fuerte que sea la crecida, los ágiles y valientes pececillos se sostienen siempre contra ella sin esfuerzo aparente.

Yo he admirado toda mi vida a las truchas, y no sólo en el plato, sino en el río, su elemento natural, donde se me aparecían como un símbolo de lucha y de rebelión. La trucha no transigía. La trucha no se adaptaba. La trucha no volvía la cara... Como digo, he admirado toda mi vida a las truchas, hasta que un día, leyendo el *Alrededor del Mundo* —no pretendamos ocultar el modesto origen de nuestros conocimientos— me encontré con un suelto que decía así:

45

Los ríos arrastran en su curso toda clase de sustancias en las que las truchas encuentran su mayor alimento. Por eso estos animales nadan siempre contra corriente.

Esto decía el suelto del *Alrededor del Mundo,* y, al leerlo, yo experimenté mi primer desengaño político. ¿De modo que, al nadar contra la corriente, las truchas andaban buscándose un comedero, una manera de vivir, un enchufillo, en fin, para dejarnos de circunloquios. ¡Y yo que había puesto en ellas tanta ilusión y tanta fe!...

Desde entonces no me fio ya de nadie que vaya contra la corriente. ¡Qué me voy a fiar! El que más y el que menos acaba siempre resultando un trucha que iba a la caza de una Delegación del Trabajo, de una Consejería de Estado, de una Comisión para el extranjero o de cualquier otro «enchufe» por el estilo...

UN EJERCICIO PARA FIN DE AÑO
ABC, 1 de enero de 1935

Lector: ¿Quiere usted que yo le indique un buen ejercicio espiritual para fin de año? Pues ahí va la indicación: revise usted sus ideas. Las ideas son, en cierto modo, como las corbatas. Cuanto más originales, cuanto más atrevidas, cuanto más nuevas y vistosas algunos años atrás, más ridículas y anticuadas resultan hoy. Hay ideas con las que ya no puede uno presentarse decorosamente en ninguna tertulia madrileña y que sólo servirán, a lo sumo, para ir tirando unos mesecitos en alguna pequeña capital de provincia. En esta época de transición, las ideas se gastan con vertiginosa rapidez, y, a menudo, cuando ocurre algún acontecimiento al que no cabe aplicar los tópicos habituales, tiene uno que quedarse en casa por carecer de ideas a propósito para enjuiciar el asunto en el café, ni más ni menos que si, invitado a unos funerales de primera, se encontrara uno sin ropa negra que ponerse. Consideremos, además, que, así como antes las ideas eran privilegio de una minoría, nadie se resigna hoy a verse privado de ellas. No hay más remedio, por tanto, que fabricarlas en serie y con materiales de bajo precio, lo que explica el que todas se deshilachen tan pronto y den, por lo general, un pésimo resultado.

Si usted, pues, sigue mi consejo, amigo lector, y se pone a revisar su ideario, verá qué hallazgos más sorprendentes le reserva el destino en esa tarea. Con frecuencia, rebuscando en su colección de corbatas viejas, tropieza uno con una especie de pulpo ante el que se queda un instante sumido en el mayor de los desconciertos.

—Pero ¿es posible —se pregunta uno— que yo me haya puesto alguna vez, a modo de corbata, este objeto extraño y alucinante?

Se aprieta uno las sienes para concentrar sus recuerdos. Se pone a desandar con la imaginación el camino de su vida. Y ¡cuál no será su estupor al verse, varios años más joven, haciendo con aquella corbata las delicias de las señoras en un elegante salón de té! Porque aquella corbata que ahora semeja un pulpo o un quipu peruano nos proporcionó, en su día, uno de nuestros mayores éxitos sociales.

Las corbatas viejas constituyen un mundo maravilloso, comparable tan sólo al de las ideas viejas. También las ideas, en efecto, suelen adquirir con el tiempo aspectos desconcertantes. También, a veces, rebuscando en el fondo de su pensamiento, se encuentra uno con una forma absurda, incongruente y prepóstera que, examinada a la luz del día, resulta ser, por ejemplo, la gloriosa idea de la Democracia.

—He aquí —exclama uno entonces— todo lo que nos resta de una de las ideas que tuvieron mayor éxito en el mundo. Este andrajo lamentable, este guiñapo con pintas, esta rodilla de fregar fue, en su tiempo, una de aquellas magníficas ideas de plastrón, sin las que no se concebía una recepción académica, ni una sesión patriótica, ni una asamblea pacifista, ni un entierro de primera clase, ni ningún acto, en fin, verdaderamente grave, solemne y pomposo. ¿Cómo habrá podido llegar a un estado tan triste?

Y quien habla de la idea de la Democracia habla de otras muchas, sin contar esas ideas de nudo hecho, todas iguales entre sí, y que tanto se llevan actualmente. Se impone, pues, una revisión general de ideas; pero, ¡mucho ojo!, las inservibles habrá que arrojarlas al fuego, porque, si se tiran por la ventana, no faltará quien las recoja para ponerse luego a presumir con ellas ante el mismo que las haya desechado...

«HAXÁDEGOS DE CADEIRÁDEGOS»
ABC, 2 de enero de 1935

Es verdaderamente deliciosa esa frase que el maestro Unamuno ha descubierto leyendo a un escritor galleguista: *haxádegos de cadeirádegos*. Sólo un *cadeirádego* tan ilustre como el Sr. Unamuno podría haber hecho semejante *haxádego*, porque aunque *haxádegos de cadeirádegos* no signifique en gallego absolutamente nada, en galleguista parece que quiere decir *hallazgos de catedráticos*.

Yo comienzo por no comprender la necesidad que haya en gallego de ocuparse de los catedráticos ni de sus hallazgos. El gallego no está para hablar de esas cosas, sino de otras mucho más elevadas. Está para hablar del cielo y de la tierra; de la Santa compaña y del lacón con grelos, del mar, del río, de la montaña y del prado; del vino; de las mozas; de los robledales y pinares; del lobo; del cerdo; de la vaca; del amor y el dolor; de la vida y la muerte y, en fin, de lo humano y de lo divino. Para eso está el gallego y, no alterando su naturaleza, es muy difícil que ningún otro idioma le iguale en gracia, ternura, profundidad ni fuerza expresiva. Pero, junto al gallego de los gallegos hay el gallego de los galleguistas que escriben *haxádegos de cadeirádegos*. Los galleguistas quieren triplicar, por lo menos, el vocabulario gallego dotándolo de golpe y porrazo con todas las palabras necesarias para hablar en él de arte, política, economía, matemáticas, etc., etc.

Un idioma, después de todo, no es nunca una creación artificial, sino un hecho biológico en el que evidentemente puede influir el hombre, como influye en la producción de la uva o de la naranja, pero siempre que el hombre sepa lo que se trae entre manos. Lo lógico para poner al día el idioma gallego sería ir poco a poco injertándole palabras castellanas, pero esto, que es precisamente lo que hace el pueblo, no lo pueden hacer los galleguistas, quienes pretenden presentarse en Madrid el día de mañana con un gallego hermético, esotérico y abstruso para utilizarlo como hecho diferencial y ver de conseguir un estatutillo. ¡Un gallego que parezca chino, ruso, árabe o guaraní, pero que no pueda, bajo ningún pretexto, asemejarse al castellano! Y como el gallego no puede parecer nunca guaraní, porque en cuanto principiase a tener con el guaraní el más remoto parecido ya no parecería gallego, lo único que consiguen los galleguistas es que parezca algo así como una especie de esperanto hablado por portugueses.

¡Haxádegos de cadeirádegos!... ¿Qué es esto?, se pregunta el maestro Unamuno. Y he ahí, precisamente, lo que se proponen los galleguistas, hermanos de los catalanistas y primos de los bizcaitarras: que aun el propio Unamuno, con todo y ser un filólogo que conoce perfectamente las lenguas regionales españolas y sus conexiones con otras, se quede en ayunas al oírlos. Los galleguistas no quieren hacer un idioma para que se les entienda, sino para que no se les entienda y, bien mirado, acaso lo mejor fuese que pudieran realizar sus propósitos...

LA INFANCIA DE LOS POLÍTICOS
ABC, 10 de enero de 1935

En estos días, que es costumbre consagrar a la infancia, algunos periódicos se dedican a averiguar lo que hacían, cuando niños, nuestros actuales personajes políticos.

—Yo —dice uno de los interrogados— he sido aprendiz de zapatero.

—Pues yo —declaró otro— fui repartidor de pan.

Y así sucesivamente. Por regla general, nuestros personajes políticos tuvieron los orígenes más humildes, en lo que no hay deshonor alguno, desde luego, pero en lo que tampoco existe, a mi entender, un motivo especial de orgullo ni jactancia. Fueron zapateros, panaderos, toneleros, oficiales de peluquería, dependientes de ultramarinos, etc., y bien está que ellos mismos lo confiesen, pero no como si nos hicieran con ello una revelación extraordinaria, ya que nadie se imaginaba que procediesen de Eton o que hubieran pasado su niñez, rodeados de ayas y preceptores, en los castillos de sus antepasados. ¿Que ha sido usted zapatero, señor ministro o señor ex ministro? ¿Y qué? ¿Tan baja considera usted la categoría de zapatero o tan alta la de ministro para que nos presente como un hecho excepcional este cambio de condición? ¿Ignora usted acaso que vivimos en una sociedad democrática de tendencias igualatorias, donde a medida que los zapateros se van pareciendo a los ministros, los ministros van asemejándose cada vez más a los zapateros? Y usted, que alardea de haber sido un pésimo estudiante y de no haber podido jamás con el latín ni la historia de España, ¿se figura usted que esta declaración nos produce la más ligera sorpresa? Cuando Cajal, consagrado por todo el mundo científico, se jactaba desde su laboratorio de haber sido un mal estudiante, nuestra admiración hacia él subía de punto.

—¡Quién lo hubiera dicho! —pensábamos—. ¡Parece mentira!...

Pero cuando un ministro o un personaje ministrable nos hace idéntica declaración, no decimos que parece mentira, sino todo lo contrario; decimos:

—¡Claro, hombre, claro! ¡Naturalmente! Ya nos habíamos figurado...

La infancia de nuestros personajes políticos, revelada estos días por algunos periódicos, no constituye, por tanto, para nadie el menor motivo de extrañeza. Que éste no haya llegado a aprenderse nunca la tabla de multiplicar y que aquél haya estado hasta los dieciocho años detrás de un mostrador, cortando rodajas de embutido con unas manos llenas de sabañones, nos parece lo más natural del mundo. La mayoría de dichos personajes conservan todavía eso que los franceses llaman *le plus du métier*,[1] y si algunos accionan en el Parlamento como si estuvieran cosiendo sus párrafos con una lezna, otros desarrollan sus programas políticos con el mismo braceo elegante y seductor con que pudieran exhibir una pieza de madapolán.

No lo digo para molestar personalmente a ninguno de ellos. Todo lo contrario. Quizá ellos crean que desde

1. Expresión traducible aquí como *lo mejor de su oficio*.

un plano muy inferior han ascendido a un nivel muy alto, pero yo opino que ni antes estaban tan abajo ni ahora se encuentran tan arriba, y si aquellos a quienes trato me siguen inspirando afecto y consideración, no es a pesar de haber sido zapateros o toneleros o dependientes de ultramarinos o repartidores de pan, sino a pesar de ser o haber sido ministros, directores generales, consejeros de Estado, etc., etc.

LA POLÍTICA Y LA MAGIA
ABC, 12 de enero de 1935

> Para algo están las palabras y los ademanes.
> (Frase de un ilustre hombre público
> en su conversación con los periodistas.)

Que un político confíe en su palabra: nada más natural ni más lógico. La palabra es un don divino, gracias al cual puede el hombre ocultar sus pensamientos cuando los tiene y simularlos cuando no los tiene. «Dichosos los animales —decía Larra— porque ellos, como no hablan, se entienden». Los hombres, en cambio, como hablan pueden pasarse juntos toda la vida sin llegar nunca a ponerse de acuerdo, y esta feliz circunstancia es lo que les ha permitido crear el sistema parlamentario.

Es muy natural y muy lógico, por tanto, el que un político confíe en su palabra, a la que, generalmente, se lo debe todo; pero a veces parece que surgen en política situaciones de tal naturaleza que la palabra no basta para dominarlas y, entonces, ¿a qué se figuran ustedes que recurren nuestros gobernantes? ¿A los hechos? ¡Nada de eso! Recurren a los ademanes. Se cogen con los dedos los puños de la camisa, estiran bruscamente los brazos y comienzan a darnos pases magnéticos...

En Medicina hay dos grandes escuelas, a una u otra de las cuales pertenecen todos los métodos de curar: la escuela de los que quieren eliminar el mal eliminando sus causas y la de aquellos que, dejando a un lado las causas del mal, procuran sugestionar al enfermo para que no lo sienta; pero de estas dos grandes escuelas médicas, sólo la última tiene en España una equivalente política. Nuestros políticos, en efecto, no procuran nunca eliminar las causas de nuestros males, y su único propósito es el de hacérnoslos, en lo posible, soportables y llevaderos por medio de la magia.

Palabras mágicas y ademanes taumatúrgicos: tal es el arte de nuestros políticos. Quien dice tal nombre ilustre en la política española de nuestros días es, poco más o menos, como si dijera Onofroff.[1] Quien dice tal otro lo mismo podría decir Kasfikis.[2] ¿Se acuerdan ustedes de aquel bigardote de Blakamán que actuó hace algún tiempo en el Price como faquir de la India y al que muchos espectadores suponían nacido en la cabecera del Rastro? Si realmente había nacido en el Rastro, ¡qué gran político se perdió España en aquel hombre!...

No hay duda de que están para algo las palabras, los ademanes y hasta los puños de las camisas, aunque, desde que nuestros políticos usan camisas blancas y de color, parece como si hubieran perdido gran parte de su poder suasorio sobre el pueblo. El almidón, dígase lo que se diga, era un gran elemento auxiliar de la oratoria parlamentaria. ¡Había que ver a aquellos oradores de hace veinticinco o treinta años cuando, sacándose de las mangas de la levita unos puños de a cuarta, albos como la nieve y en los que iban a converger todas las luces del salón de sesiones, los agitaban ante la Cámara con elocuencia arrolladora para acabar lanzándolos a lo alto, en un rapto de suprema inspiración hacia la

1. Enrique Onofroff, ilusionista de origen italiano que actuó en Hispanoamérica y España en las primeras décadas del siglo xx.

2. Kostano Kasfikis (1892-1934), otro célebre ilusionista, hipnotizador, mago y artista circense, en este caso de la Unión Soviética.

tribuna de la prensa, o bien, con un disparo menos vertical, sobre los escaños de enfrente o sobre la mesa de los taquígrafos!... ¡Tiempos aquellos, amigo lector! En la historia de nuestra política se podrían definir como la edad del almidón, a la que siguió inmediatamente, como mucho más democrática y progresiva, la edad del celuloide. Ahora, nuestros políticos no usan ya puños de celuloide ni tampoco puños almidonados, pero esto no quiere decir, ni mucho menos, que hayan renunciado a la magia. ¡Quia! «Para algo están las palabras y los ademanes». Para algo los pases magnéticos. Para algo, en fin, las miradas a lo *mister* Marsden,[3] profesor de energía...

3. Ernest Marsden (1889-1970), físico británico que participó en los famosos experimentos de Geiger y Rutherford sobre la estructura del átomo.

LOS RUIDOS MADRILEÑOS
ABC, 23 de enero de 1935

Jimmy Walker, alcalde que fue de Nueva York hasta hace cosa de un par de años, no comprende el escándalo que suelen armar nuestros automovilistas cuando, en un cruce callejero, se encuentran detenidos por la luz roja.

—¿Qué adelantan —pregunta— poniéndose a tocar sus bocinas, si, por mucho que aturdan al agente del tráfico, éste no puede reducirles el tiempo de espera?

Verdaderamente, y a no ser que busquen una compensación a su propio fastidio procurando fastidiar a los demás, no parece que adelanten gran cosa, pero conviene tener presente que esos automovilistas son españoles y que el español se resiste siempre, por instinto y con todas sus fuerzas, a que lo traten en masa. De ahí que, al tropezarse con la luz roja, cada automovilista frene y se detenga a fin de ahorrarse una multa, pero, una vez que ha cumplido así con las regulaciones de tráfico, se pone a tocar su bocina como si quisiera decirnos:

—¡Eh, señores! Que estoy aquí. En este momento no puedo avanzar ni retroceder y parece como si careciera de existencia real, pero estoy aquí. Esta masa de coches, de la que circunstancialmente me encuentro formando parte, no absorbe, ni mucho menos, mi personalidad individual.

¡Eh, guardias, público, sociedad entera que me oyes! Yo, Don Fulano de Tal, propietario de un cuatro cilindros de segunda mano, estoy aquí en este cruce detenido como un cualquiera por las Ordenanzas municipales...

Naturalmente, lo que hace Don Fulano lo hacen también don Zutano, Don Mengano y Don Perengano. Lo hacen los coches particulares y lo hacen los *taxis.* Lo hace todo el mundo, en fin, y aquello es una algarabía espantosa. Los grandes coches dejan oír unos bocinazos graves y petulantes como toses de ministro, pero los que más chillan suelen ser los pequeños, lanzando al aire unas notas agudas, que remedan el bucólico balido de los corderillos en el campo.

—Bee..., bee...

Mientras tanto, los peatones desfilan jactanciosamente ante la masa de coches, cuyos motores rugen de rabia ante aquella provocación. A veces parece que un coche, no pudiendo aguantarse más, se va a arrancar detrás de un transeúnte, dispuesto a cazarlo o a perecer en la demanda, pero en esto viene el cambio de luz. Los coches empiezan a avanzar distanciándose unos de otros y dejando de ser una masa amorfa. Cada cual tiene ahora otra vez su autonomía, y, como rueda libremente, debiera hacer sonar el claxon para advertir de su presencia a los transeúntes, pero ahora, cuando el claxon o la bocina podrían ser de utilidad general, ahora precisamente no hay coche alguno que los toque...

Los papeles se cambian. Al avanzar los coches son los peatones quienes quedan detenidos en ambas aceras de la calle y, claro está, los peatones no tienen bocinas, ni cláxones, ni sirenas, ni ninguna suerte de instrumentos con que poner de manifiesto sus personalidades individuales dentro de la gran personalidad colectiva, pero esto no quiere decir, ni mucho menos, que acepten de buen grado su momentánea condición de hombres masa. Nada de eso. Unos increpan a los guardias. Otros silban. Otros arman bronca. Quizá alguno, con dotes artísticas especiales, se ponga a hacer el gallo o la codorniz, y, desde luego, todos procuran demostrar su ingenio y salir del anónimo.

Éste es Madrid, *mister* Walker, y aunque a su paso por él haya oído usted hablar de fascismo o de comunismo, no haga usted caso. Con el pueblo italiano se habrá hecho una masa, con el alemán una pasta y con el ruso un engrudo, pero con el pueblo de Madrid es muy probable que nunca se pueda hacer nada ni malo ni bueno...

CONTRA EL RUIDO
ABC, 8 de noviembre de 1935

Coincidiendo, poco más o menos, con la de Madrid, se ha iniciado en Nueva York una campaña contra el ruido: la campaña de las *noiseless nights* o noches silenciosas. Claro que cada pueblo hace las cosas a su manera, y una campaña contra el ruido en Nueva York tiene, forzosamente, que ser una de las cosas más ruidosas del mundo. Discursos, conferencias, alocuciones por radio y unos enormes altavoces que ensordecían a toda la ciudad gritando:

— ¡Silencio!...

Así, con este estrépito y esta algarabía, parece que comenzó en Nueva York la campaña contra el ruido, dirigida por un alcalde de nombre español, el mayor La Guardia, quien, al decir de los periódicos, se quedó afónico de tanto recomendar que no se turbara con gritos intempestivos el reposo de la urbe. Ignoro si la afonía del mayor La Guardia es el único resultado práctico de la campaña neoyorquina contra el ruido o si se ha conseguido además algún otro. Ignoro también, encontrándome ausente de Madrid desde el verano, si han llegado en nuestra capital a garantizar de alguna manera el sistema nervioso de sus habitantes contra las coplas de los borrachos, los altavoces de los cafés, el «¡hoy sale, hoy!» de los vendedores de lotería, los bocinazos de los automóviles, etc., etc., etc.

En Nueva York se ha hecho una clasificación de ruidos innecesarios. En Madrid podrían clasificarse como innecesarios casi todos los ruidos que se producen. La capital de España es una ciudad relativamente pequeña, sin gran tráfico ni gran industria y que, con un poco de buena voluntad, podría muy bien funcionar en silencio; pero, ¡qué quieren ustedes!, hay tanta gente que llega todos los días a Madrid dispuesta a «meter ruido»...

—Ya veréis —les dice el provinciano a sus amigos cuando toma el tren para dirigirse a la capital—. Ya veréis el ruido que armo en cuanto llegue allí...

Y acaso esta frase de «armar ruido», para la que no existe, que yo sepa, equivalente en ningún idioma europeo, nos dé la clave de todo. El español cree que, para destacar sobre los demás, todo lo que tiene que hacer es «armar» más ruido que ellos. De ahí ese tipo de reuniones donde todo el mundo habla a gritos al mismo tiempo, a sabiendas de que nadie escucha a nadie, y de ahí esa falta de consideración para los oídos del prójimo con que se produce en Madrid la mayoría de la gente. Madrid no tiene conciencia de sus propios ruidos. Es como una ciudad sorda que no se oyera a sí misma, y no pudiese, por lo tanto, graduar su voz.

Por mi parte, estimaría igualmente delictivo el que un chófer le rompiese el peroné a un transeúnte que el que le produjera una lesión nerviosa de un bocinazo a boca de jarro. Los nervios son, por lo menos, tan respetables como los huesos, y, mientras en Madrid no haya quien vele por el reposo mental y espiritual de sus habitantes, será muy difícil que llegue a hacerse en él nada verdaderamente provechoso.

EL VAGO Y EL TRABAJADOR
ABC, 31 de enero de 1935

¿A quién se le habrá ocurrido eso de encerrar a los vagos en un campo de concentración, sometiéndoles al cuidado y vigilancia de los hombres activos?[1] Hasta ahora el fenómeno se había producido siempre a la inversa, y si los hombres activos hacían progresar el mundo con su laboriosidad, ello se debía principalmente a la tenaz y severa inspección de que eran objeto por parte de los vagos.

—El vago —decía un día D. Miguel de Unamuno— es el fiscal del que trabaja.

Y, para demostrar su aserto, D. Miguel se puso a hablarnos de un vago admirable que, allá en Salamanca, traía en un puño a todos los tenderos de la plaza Mayor. El con-

1. Camba se refiere, en este artículo y el siguiente, a la Ley de Vagos y Maleantes, que les imponía a estos medidas represivas como el internamiento en campos de trabajo. Dicha ley suele asociarse hoy al franquismo, pero este la heredó de la Segunda República, pues fue aprobada en agosto de 1933, durante el bienio de izquierdas, siendo jefe de gobierno Manuel Azaña y ministro de Trabajo el socialista Francisco Largo Caballero. Nuestro autor fue un gran defensor de la pereza: «Lo que más me divierte es el no hacer nada. Si yo tengo una verdadera afición en el mundo, es la afición a la pereza. La pereza constituye mi vicio central, mi pasión única» —«Sobre la pereza», en *Mis páginas mejores. Antología esencial* (1956), Página Indómita, Barcelona, 2025.

fitero, por ejemplo, mientras tuviese pasteles por vender no se hubiese molestado en hacer otros, pero ¿y aquel vago que se pasaba la vida ante su escaparate y había llegado a aprendérselo de memoria? ¿Cómo engañar al vago? En otro sector de la plaza había un fabricante de chocolate a brazo, que todos los días, a la hora del paseo, se ponía con grandes alardes a darle al rodillo en presencia del público. El trabajo era duro, y, en cuanto la gente se distraía con alguna otra cosa, el hombre del rodillo hubiese aprovechado la ocasión de buena gana para darse un pequeño descanso, pero en esto, y como por arte de encantamiento, allí aparecía el vago mirándolo fijamente, y ya no había descanso posible. Aquel hombre, que no hacía nunca nada, aquel ciudadano sin oficio ni beneficio, aquel vago, en fin, era el que ponía en movimiento todo el comercio y la industria de la plaza Mayor.

Tal es, por lo demás, la misión específica del vago en toda la comunidad medianamente organizada. El vago no odia el trabajo. Al contrario. El trabajo le parece algo tan maravilloso que en cuanto alguien se dispone, pongamos por caso, a clavar un clavo en una puerta, allá va el vago detrás de él, dispuesto a seguir con toda atención sus menores movimientos y poseído de ese entusiasmo que sólo inspiran las empresas un poco temerarias. Quienes odian el trabajo son los trabajadores, pero los vagos ¿por qué lo van a odiar? Decir que los vagos odian el trabajo es como decir que los críticos odian la música o —con un símil menos elevado— que los mirones odian el tute.

Lejos de odiar el trabajo, los vagos sienten por él una admiración sin límites, pero, claro está, si un pueblo entero se dedica a admirar el trabajo en vez de dedicarse a trabajar, sus negocios no irán nunca muy arriba. En principio, pues, no me parece mal que nuestros Gobiernos tomen disposiciones contra la vagancia, pero ¿había en España tantos vagos como se asegura? Aquí está, precisamente, todo el intríngulis de la cuestión. Por mi parte, yo creo que en España había muchos vagos, pero no vagos de calle, sino vagos de oficina y de taller. Es decir, que nuestro problema era el de una inmensa mayoría de trabajadores dados a la vagancia, y no, ni muchísimo menos, el de esos cuantos vagos puros y desinteresados, que no engañan a nadie, y a los que se ha empezado a meter ahora en los campos de concentración.

MENDIGOS Y MILLONARIOS
ABC, 28 de septiembre de 1935

Parece que va en serio esto de la recogida de mendigos. Me alegro. Así se convencerán por fin en el extranjero de que esos grupos de lisiados, que, en formación tan artística, solían decorar nuestras vías principales, no estaban subvencionados por el Ayuntamiento. En todo el mundo hay lisiados, pobres y menesterosos, y el que nosotros también tengamos algunos no es para hacer tantos alardes. Después de todo, nuestros mutilados no tienen, ni mucho menos, un origen heroico como los de aquellos países que sufrieron directamente los horrores de la guerra. Por lo general, son producto del pauperismo, del alcohol, de la falta de higiene y de las reyertas tabernarias. Mutilados de mus y de tute, de la aventura de a duro y de la jugada de dos pesetas. En Francia, en Alemania y en Inglaterra cogen a los mutilados, les ponen unas medallas en el pecho y los colocan de servicio en los lavabos de hoteles y restaurantes. No es, desde luego, una vejez muy gloriosa la que se asegura de este modo a los antiguos combatientes, pero es, por lo menos, segura y tranquila. En cuanto a la costumbre de formar cuadros plásticos con los cojos, ciegos, mancos y tullidos exhibiéndolos del modo más ostentatorio en plena vía pública e interrumpiendo al efecto la circulación de viandantes, ningún país más que el nuestro la ha practicado todavía hasta ahora.

Me alegro de que vaya en serio la recogida de mendigos. En otra ocasión yo pedí que se recogiese también a los millonarios, pero esta especie ha ido desapareciendo de entre nosotros a tal velocidad que, hoy por hoy, se la puede considerar ya como prácticamente extinguida. Fíjense ustedes en esas dos o tres supervivencias de potentados que quedan todavía en España. A mí —dicho sea con todos los respetos debidos— me producen el efecto de la jirafa, animal absurdo que la Naturaleza se encuentra, al parecer, arrepentidísima de haber creado y que, según todas las autoridades en la materia, está llamado a desaparecer en un porvenir muy próximo. Hay que limitar, por tanto, la recogida a la clase de mendigos, y que no se alarmen los partidarios del color local si nuestras autoridades proceden en el asunto con la debida energía. El mendigo madrileño es, generalmente, un pequeño menestral de la mendicidad, que ejerce su oficio de mala gana, como ejercería de mala gana otro oficio cualquiera. No tiene vocación, no tiene tradición, no tiene carácter, no tiene nada. Muchas veces trabaja a sueldo de un industrial, que se propone acaparar los sentimientos caritativos de las señoras en tal o cual sector de la urbe lanzando allí un enjambre de mendigos, y no es raro que, en alguna ocasión, considere mal retribuidos sus esfuerzos y se declare en huelga.

En los pueblos, y especialmente en los pueblos de mi país gallego, todavía hay grandes mendigos que sienten toda la nobleza y toda la ruindad de su misión sobre la tierra y cuya voz se escucha siempre como una voz sagrada.

—Si es cierto que Homero fue un mendigo —piensa uno al verlos—, ha debido de ser un mendigo así, y no un mendigo al modo de los mendigos madrileños.

Los mendigos madrileños, realmente, tienen muy poco de homérico. En el mejor de los casos, sólo servirán de motivo para hacer literatura picaresca y, hoy por hoy, la picaresca puede muy bien prescindir en España del concurso de los mendigos.

LA IGUALDAD
ABC, 13 de febrero de 1935

La igualdad en general es una abstracción vacía. El hombre no es igual a la mujer: borrar las diferencias es destruir el género humano.

(Del escritor ruso Leóntier, en *Pravda.*)

Desde luego, camarada Leóntier. A pesar de todas las tentativas en contrario, el hombre no es todavía igual a la mujer. En vano muchas mujeres hacen deporte y se ponen a régimen para adelgazar, porque si de un lado es cierto que pierden morbidez y turgencia, del otro, en cambio, parece más bien que las ganaran. En vano votan. En vano fuman pitillos y beben whisky. En vano usan indumentaria semimasculina —trajes sastre o faldas pantalón, cuellos duros, corbatas, zapatos de tacón corto, etcétera, etc.—. En vano algunas se cortan el pelo a lo Manolo. En vano, en fin, otras se dejan el bigote... Si existe algún asunto en el que, con toda exactitud, se pueda hablar de hechos diferenciales, es precisamente el asunto que nos ocupa, y, a la larga, no hay más remedio que reconocer la desigualdad existente entre mujeres y hombres.[1]

1. Este tipo de pasajes podrían llevar a engaño al lector no familiarizado con los escritos de Camba. Cuando se publicó este artículo, el autor (hoy en día acusado a menudo de misoginia) ya había mostrado a lo largo de las décadas, en varios textos, su simpatía por la causa de la emancipación de la mujer (con la habitual ironía cambiana, claro está). Así, cuando había regresado a España tras sus primeras experiencias en el extranjero como corresponsal, había escrito: «Fuera de Es-

75

No creía yo, sin embargo, que este reconocimiento nos viniese de Rusia, y mucho menos con el carácter semioficial que tiene todo lo que se publica en *Pravda*. Durante quince años, en efecto, mientras los rusos carecieron prácticamente aun de lo más necesario para vivir, no parecían darse cuenta de las diferencias fisiológicas que existen entre el hombre y la mujer. Es ahora, ya en posesión de algunas hogazas de pan, de algunas medias de lana y de algunos pares de zapatos que repartirse, cuando advierten esas diferencias y se apoyan en ellas para evitar que la distribución se haga entre todos y por partes iguales. «La igualdad —dice Leóntier— es una abstracción vacía. El

---

paña, ni los hombres le dan tanta importancia a las mujeres, ni las mujeres le dan tanta importancia a los hombres. Unos y otras han averiguado que se necesitan mutuamente y han decidido ponerse de acuerdo. Y un acuerdo así es el que se impone en España. Porque mientras ese acuerdo no llegue a establecerse, no tan sólo será la vida española una cosa inarmónica, sino que nadie tendrá aquí manera de hacer nada» —«La mujer, país exótico», artículo recogido en la antología *La rana viajera* (1920).

Y más tarde, ante el desolador panorama de la posguerra civil, cuando las mujeres vieron anulados sus derechos republicanos y fueron confinadas de nuevo en la esfera doméstica, Camba no vaciló en escribir en las páginas del *ABC*, sin atisbo de ironía, lo que sigue: «Indudablemente, fue una cosa bastante seria la que ocurrió en el mundo cuando las mujeres comenzaron a trabajar en común con los hombres y a ganarse la vida como ellos. Al hacerlo, rompieron el bloqueo económico a que los hombres las tenían sometidas desde la más remota antigüedad, y si algún acontecimiento puede calificarse de histórico —en el sentido de influir en la marcha y dirección de la Historia—, ése, aunque no lo parezca a primera vista, es, sin disputa, uno de los principales...». Véase J. Camba, «Diosas y taquimecas», *ABC*, 18 de septiembre de 1943 —recogido después en la antología *Etc., etc.* (1945).

Quizá la misantropía que Camba indudablemente pareció desarrollar con el paso de los años se confunde hoy, en ocasiones, con una supuesta aversión a las mujeres.

hombre no es igual a la mujer: borrar las diferencias es destruir el género humano...».

¡El género humano, nada menos! Si no se hace distinción entre unos rusos y otros y se les da a todos ellos la misma parva porción de arroz o de habichuelas, se acaba el género humano... Y, después de todo, Sr. Leóntier, si se acaba el género humano, ¿qué importa? El género humano no tiene el menor interés para nadie más que para el propio género humano y, en cuanto se acabe, pues ¡adiós, muy buenas! Se habrá acabado y en paz. ¡Tanto Marx y tanto Lenin y tanta ideología revolucionaria y tanta nueva mentalidad, para venirse ahora con ese lugar común del género humano que ni el más viejo y ramplón escritor burgués se atrevería a invocar a estas alturas!...

Claro está que el género humano sucumbiría en cuanto desapareciesen las diferencias existentes entre el hombre y la mujer, pero estas diferencias no son de capacidad estomacal ni de resistencia al frío. No queda, por lo tanto, más remedio que repartir, señores bolcheviques. Hay que repartir las cosas de comer, de vestir, de beber y de arder así como antes se ha repartido el hambre. Hay que seguir con el evangelio de la igualdad aunque ahora ya empiece a valer la pena en Rusia el cultivar las desigualdades.

LA MORAL EN LAS PLAYAS[1]
ABC, 17 de octubre de 1935

—Si yo tuviera una hija —me dice un amigo— que me hubiera salido lo que, en buenas palabras, definiremos como un poquitín alegre, ¡qué le íbamos a hacer! Procuraría, desde luego, refrenar sus impulsos con una buena educación y, al no conseguirlo, me resignaría pensando que, en último término, la pobre chica se limitaba a seguir los dictados de su propia naturaleza. Ahora, si sabiendo a mi hija de un natural honesto, sencillo y virtuoso, la viese un día en una playa adoptando actitudes vampirescas y haciendo toda suerte de disparates por pura cursilería, esto es, para estar a la moda y evitar que la llamasen gazmoña o anticuada, entonces creo que, con harto dolor de mi corazón, iría y le rompería un hueso...

Esto me dijo mi amigo, quien, naturalmente, no tenía hija ninguna. Estábamos en una playita de ocho pesetas

---

1. El asunto de la moral en las playas y del nudismo le sirve aquí a Camba para criticar la politización de todos los ámbitos de la vida. Al respecto, conviene señalar que el autor había practicado el nudismo durante su juventud. De hecho, la biografía que le ha dedicado recientemente Benito Leiro lleva por subtítulo «Un nudista en Vilanova» (Teófilo Edicións, 2022).

por persona, todo comprendido, incluso los insectos, y las chicas jugaban a estar en Deauville.[2]

—Obsérvelas usted bien —exclamaba mi amigo—. Desde que la elegancia no consiste principalmente en el arte de llevar la ropa, sino, al contrario, en el de quitársela y andar sin ella, se ha puesto al alcance de todas las fortunas. Hoy no hay playa que no quiera alardear de elegante ni chica que durante el veraneo no presuma un poco de mujer fatal, ya que, en cuanto llega el invierno, su única fatalidad suelen ser los sabañones.

—Pero ¿cree usted realmente —le pregunté yo entonces a mi amigo— que todo esto es una farsa? ¿Opina usted que a estas muchachas no les divierte lo que hacen? ¿Está usted seguro, en fin, de que su osadía es fingida y de que todos sus atrevimientos carecen de convicción?

—Naturalmente que lo estoy —repuso mi amigo—. La que más y la que menos, todas estas chicas tienen una vocación innata para el ejercicio de las labores domésticas, y si ahora las ve usted aquí afectando esa semidepravación que ellas consideran tan distinguida, es a costa de un gran esfuerzo y teniendo que vencer una profunda repugnancia. En el fondo, créame usted a mí, todas ellas son unas buenas chicas que se conducen mal únicamente por cumplir y para evitar el qué dirán.

—¿De modo que, según usted —observé yo entonces—, lo que está mal visto hoy en el mundo es eso que antes se llamaba la moral y las buenas costumbres?

—Exactamente —me respondió mi amigo—. La moral y las buenas costumbres tienen en la actualidad una reputación deplorable, y de ahí el que las chicas más virtuosas se las echen hoy, hipócritamente, de corrompidas y

2. Famosa playa francesa.

perversas. Es una forma un tanto extraña de la hipocresía, convengo en ello, pero así anda el mundo...

Dicho lo cual, no sin el debido énfasis, mi amigo se despidió ceremoniosamente de mí, dio media vuelta y se fue.

—Pero ¿qué le decía a usted ese tío? —me preguntó entonces una de las chicas cuya conducta habíamos estado comentando—. ¿No sabe usted que es un cavernícola tremendo?

Y al oír estas palabras caí en la cuenta de que el desnudo playero no constituye en España un problema de moral, ni siquiera un problema de higiene, sino, como todo lo demás, un problema de política. Es sencillamente, una de tantas pugnas entre nuestras derechas y nuestras izquierdas, y más vale, por consiguiente, dejarlo de lado.

TURISMO Y FILANTROPÍA
ABC, 30 de agosto de 1935

En orden a conseguir un mayor desarrollo del turismo internacional en España y para enseñanza de boteros, *chauffeurs,* mozos de estación, agentes de hotel, etc., etcétera, convendría dejar bien sentados algunos conceptos de carácter puramente elemental, a saber:

Primero.— No todos los turistas son ingleses.

Segundo.— No todos los ingleses son turistas.

Tercero.— No todos los turistas, ni los ingleses ni los de ninguna parte, son millonarios.

La tradición portuaria española viene asociando persistentemente la palabra *inglés,* la palabra *millonario* y la palabra *turista* como si fueran sinónimas, y aunque desde que se fundó el Patronato Nacional de Turismo hay algunos puertos donde se hacen distinciones tan sutiles y finas como la de anunciar, por ejemplo, un desembarco de ingleses de Dinamarca, esto no basta. No hay más ingleses que los de Inglaterra, y mientras en los puertos españoles se ignore esta verdad primordial y se crea que en cuanto un ruso se pone a hacer un crucero por el Mediterráneo queda *ipso facto* convertido en un inglés, todos nuestros esfuerzos para convertir a España en un país de turistas resultarán inútiles y baldíos.

No todos los turistas son ingleses, ni todos los ingleses son turistas, ni todos los turistas, ingleses o no, son millonarios. El turismo, por lo demás, dista mucho de constituir una forma de filantropía, y no hay razón alguna, por lo tanto, para que cuando llega a un puerto un barco de turistas, se congreguen en el muelle todos los pobres de la ciudad, y exijan a gritos de los extranjeros que desembarcan el inmediato remedio de sus males. Evidentemente, el turista se sentiría un poco desencantado si, al llegar a España, no se encontrase con algún mendigo de barbas blancas a quien hacerle una buena fotografía, pero una cosa es el mendigo con carácter, el mendigo artístico y pintoresco, y otra, esa chusma mendicante que sólo sale a pedir cuando llegan «ingleses» y que, si no saca de ellos todo lo que se propone, cubre de injurias a la rubia de Albión, aunque no se trate precisamente de ingleses de Inglaterra, sino tan sólo de ingleses de Yugoeslavia o de ingleses checoslovacos.

La pobre gente se figura que cada turista es un Morgan, un Ford o un Rockefeller, y lo malo es que muchos dueños de hotel y de *restaurant* parecen compartir esta misma opinión. La realidad, sin embargo, es que estos cruceros colectivos, entre cuyas escalas figuran con frecuencia algunos puertos españoles, se organizan, en general, para personas de una posición económica muy modesta. Los millonarios viajan solos, con sus invitados, en *yachts* y automóviles propios, y no entran nunca en la categoría de turistas. El turista propiamente dicho, el que sale en bandadas como las aves migratorias, ése, en la inmensa mayoría de los casos, está muy lejos de ser un potentado, y, de vuelta en su país, se encontrará probablemente con muchas catedrales en la cabeza pero con poquísimos cuartos en el bolsillo. Tratándolo correctamente, cobrándole lo justo, y no acosándolo con demasiada pedigüeñería, conseguiremos que hable bien de nosotros y hasta podremos conseguir que vuelva cuando ahorre el hombre para otro viajecito. Como no conseguiremos nunca nada es obstinándonos en la idea de que todo turista es un millonario inglés que se dedica a recorrer el mundo para hacer obras filantrópicas...

EL VIAJERO MODERNO
ABC, 29 de agosto de 1935

Un amigo mío, que fue con un grupo de turistas a la revista naval de Spithead, ha vuelto de Inglaterra completamente desencantado.

—¿Quiere usted creer —me decía— que en todo Londres no hay una sola terraza donde se pueda tomar el fresco? ¿Y eso de que dadas las once de la noche ya no le despachan a usted una bebida en ninguna parte? Por más que, bien mirado, para tomar aquella cerveza tibia que le sirven allí a uno más vale no tomar nada. Inglaterra será un pueblo muy grande y progresivo, yo no lo dudo, pero ¿cómo se explica usted, por ejemplo, que no haya adoptado aún el sistema métrico decimal, de uso corriente ya hasta en la República de Liberia?

—¡Qué sé yo! —le contesté a mi amigo—. Quizá precisamente porque es un pueblo muy grande y progresivo y puede permitirse esos lujos. ¡Aviada estaría, por ejemplo, la Republiquita centroamericana que quisiera sostener su comercio exterior usando un sistema peculiar de pesas y medidas!... Los países débiles y atrasados a donde se iba antes en busca de color local y de tipismo no pueden hoy defender su personalidad contra la tendencia estandarizadora del mundo, y actualmente, si quiere usted ver atraso y regresión, tendrá que irse a un país muy progresivo y muy adelantado, como esa desconcertante Inglaterra, donde lo más nuevo se entremezcla con lo más viejo y cuya verdadera grandeza no consiste en lo primero ni tampoco en lo segundo, sino, probablemente, en el feliz equilibrio de ambos.

Esto o algo parecido le contesté yo a mi amigo, pero la cuestión era otra. Hay personas que no saldrían nunca de viaje si pudieran suponer que el mundo les reservaba la menor sorpresa, y mi amigo es una de ellas. Para él, la delicia de viajar consiste en hacer por todos los rincones del planeta la misma vida que hace habitualmente en la Gran Vía o en la calle de Alcalá, y cuando, por excepción, llega a algún país cuyas costumbres resultan incompatibles con este tipo de vida, se aburre como una ostra y regresa a Madrid. Los países diferentes del nuestro, los que tienen en mayor o menor grado rarezas y peculiaridades, le parece que están *ipso facto* desprovistos de todo interés turístico, y como en Londres no pudo tomar en ninguna terraza cerveza helada ni horchata de chufas mientras un limpiabotas muy artista le lustrase el calzado, por eso consideró un fracaso su excursión a la gran ciudad.

¡Curiosa psicología la de los viajeros como mi amigo! Desde luego yo me explico muy bien que haya personas refractarias a cambiar de ambiente; pero es un signo de los tiempos el que estas personas se dediquen ahora a viajar. Ello demuestra, quizá mejor que ninguna otra cosa, la uniformidad y la monotonía de este mundo moderno donde se pueden hacer miles y miles de kilómetros sin que, hasta llegar a una isla escarpada e inexpugnable como Inglaterra, se dé nadie cuenta de que, en realidad, está viajando.

LA ZONA DEL SILENCIO
ABC, 26 de diciembre de 1934

Vivía yo en Roma, en una modesta pensión de familia, pared por medio con un empleado de Hacienda que, en sus ratos de ocio, se dedicaba a escribir *couplets* para las artistas de un *cabaret* vecino. Un día, mientras me afeitaba, me puse a tararear una canción cualquiera, y, al poco rato, se presentó en mi habitación la dueña de la casa.

—Perdone usted —me dijo aquella buena señora en un italiano verdaderamente maravilloso—, pero ¿sería usted tan amable que dejase de cantar por un momento?

Y, señalando hacia la habitación contigua, añadió:

—*Il maestro sta creando.*

Naturalmente, yo me callé sin vacilar y proseguí mi labor de rasurado en el más respetuoso de los silencios. ¿Quién hubiera podido proceder de otro modo? Porque, al oír a mi patrona, no parecía sino que, en vez de un empleado de Hacienda dedicado a escribir letrillas de *couplets,* estuviese en el cuarto inmediato al mío el propio Hacedor Supremo sacando de la nada el sol, la luna, las estrellas y todo lo demás...

Recuerdo ahora este sucedido con motivo de la zona de silencio que, por orden de Mussolini, ha quedado establecida en Roma, alrededor del Palazzo Venezia. En un radio de ciento cincuenta metros no se oirá un *claxon* de automóvil, ni un aparato de radio, ni un arpegio de alumna del Conservatorio, ni un vagido de niño recién nacido, ni nada, en fin. El silencio será absoluto, y cuando algún extranjero llegue a la Ciudad Eterna y se aproxime al palacio de Venecia taconeando demasiado fuerte con unos zapatos que no tengan el piso de goma, no tardará en tropezar con un guardia que, poniéndose un dedo en los labios, le diga:

—*Chist!... Il duce sta creando...*

El *duce* está *creando* y necesita silencio. Todos los que hacemos trabajos de esos que se llaman de cabeza necesitamos silencio, pero no todos somos *duces*. Podemos mandar a los chicos al Retiro y decirle a la criada que deje para otro día el fregado de las cacerolas; pero, por lo que a mí respecta, yo no me atrevo ya ni a hacer esto último desde el día en que una mujer que tuve a mi servicio leyó uno de mis artículos y me preguntó, con cierta sorna, que si era con objeto de escribir aquello para lo que yo le había prohibido hacer ruido en la cocina.

Sí, señores. Yo no me atrevo a hacer de *duce* ni con mi propia doméstica, tan poca es la fe que tengo en mi capacidad creadora. En cuanto a Mussolini, allá él. Está muy bien que rodee su trabajo de un silencio solemne, aunque para ello tenga que interrumpir toda la vida de Roma en su parte más céntrica y vital, pero ¡ojo al resultado!

No ha habido un filósofo en el mundo, no ha habido un poeta, no ha habido un sabio ni un estadista que hayan gozado jamás de semejante privilegio. Tampoco hubo nadie que haya recibido nunca un homenaje comparable al de esa serie sucesiva de minutos y horas y días y semanas de silencio total. Y como este homenaje se lo tributa Mussolini a sí mismo, aunque el pueblo contribuya a él de buen grado, él sabrá con lo que cuenta para justificarlo después.

Desde luego no hay el menor temor de que Mussolini, que es una de las cabezas políticas mejor organizadas de Europa, se salga del paso con una tontería; pero no basta con que no haga una tontería. Si no quiere decepcionarnos a todos, tiene que hacer algo muy grande, algo verdaderamente colosal, extraordinario y nunca visto por ojos humanos...

PALABRAS EN PELIGRO
ABC, 30 de octubre de 1935

Patrocinada por los ministerios de Propaganda y Educación, acaba de constituirse en Berlín una oficina para limpiar de palabras extranjeras el idioma alemán. Ya a raíz de la guerra mundial se intentó hacer lo mismo, pero la empresa no resultó nada fácil. Así, por ejemplo, para encargar una tortilla, el alemán que anteriormente salía del paso encargando una *omelette* tenía luego que encargar unos *gerrölterruhreirer* o *huevos-revueltos-en-forma-de-rollo,* lo que, aunque se escriba todo junto, no es en realidad una palabra, sino más bien una definición. Por lo demás, y como los productos alimenticios andaban entonces en Alemania tan escasos, a medida que el nombre de las tortillas y de los bistés se alargaba, las raciones disminuían de un modo lamentable, lo que no era precisamente para animar al pueblo. De ahí, a mi juicio, el poco éxito de aquella campaña. De ahí y de que por muchos esfuerzos que realizó el Instituto, no pudo encontrar un modo verdaderamente teutón de designar las patatas fritas. En alemán, en efecto, no existe el verbo *freír.* Existen verbos similares, como el verbo *backen* y el verbo *braten,* y el verbo *rösten,* pero para decir exactamente «patatas fritas» había que inventar nada menos que la siguiente palabra: *patatas-cortadas-en-*

rodajas-y-echadas-en-una-sartén-donde-haya-mucho-aceite-hirviendo...

Veremos ahora qué resultado le depara la suerte a *Herr* Hüpgen, que es quien dirige la nueva oficina para purificación del lenguaje alemán.

—Iré todo lo lejos que sea posible —ha declarado *Herr* Hüpgen—, pero absteniéndome siempre de medidas violentas.

Es decir, que no se trata de una persecución sanguinaria de palabras extranjeras, sino de eso que los técnicos definen como un *Kaltes Pogrom* o una persecución fría. En esta persecución fría, ya han sido denunciados algunos vocablos que, como el vocablo *Akzelerator,* por ejemplo, es inútil que pretendan ocultar su naturaleza revistiéndola de terribles consonantes. En lo sucesivo, en vez de *Akzelerator* se diría *Beschleuniger,* lo que no está mal, pero ¿qué adelantarán los alemanes diciendo *Fahrkarte* en vez de *billet*?[1] Eso de traducir *billet* por *Karte* me recuerda los letreros políglotas de los grandes hoteles: Dirección=Direction=Direcione. Restaurant=Restaurante=Ristorante. Telephone=Telephòne=Teléfono. Y por último: Bar=Bar=Bar...

Lo que más me preocupa a mí al pensar en los proyectos de *Herr* Hüpgen es la suerte que puedan correr esos verbos en *ieren* —léase *iren*— como *marchieren, rotieren, ondulieren,* etc., que tan simpáticos nos resultaban a los españoles residentes en Alemania. El más curioso de todos es, sin duda alguna, el verbo *Biwakieren,*[2] tomado del sustantivo *vivac,* común a varios idiomas europeos, pero que en todos ellos, según el profesor Max Müller, se deriva del

1. Billete de transporte.
2. Dormir al aire libre sin tienda de campaña.

alemán die *Wache* o «en guardia». El verbo *Biwakieren* es, por lo tanto, fundamentalmente alemán, y aunque los viajes lo hayan desfigurado un poco, yo me permitiría rogarle al doctor Hüpgen que, sin faltar a su deber, lo tratase con la mayor consideración posible.

Dicho lo cual, y servida con ello una causa que considero justa, me retiro discretamente por el foro, ya que estoy seguro de que muy pocos lectores compartirán mi actitud sentimental respecto a los verbos en *ieren* y demás palabras alemanas en entredicho.

SE NECESITA UN TRAIDOR[1]
ABC, 16 de abril de 1935

Se necesita un traidor para la próxima guerra.

Todas las idas y venidas de *Sir* Simon y *Lord* Eden[2] entre Londres, Berlín, Moscú y Varsovia; todos los viajes diplomáticos de *Mrs.* Flandin y Laval;[3] todos los mensajes de Hitler y de Mussolini, y todo el comadreo, en fin, a que se entregan actualmente unas Cancillerías con otras no tienen más objeto que el de buscar un pueblo a quien adjudicar el papel de traidor.

En la última guerra no fue muy difícil encajarle este papel a Alemania, con lo que se consiguió que toda la opi-

---

1. En este artículo y los que siguen, el autor aborda el proceso de descomposición del orden internacional de entreguerras, esto es, el preludio de la Segunda Guerra Mundial. Dicho orden estaba representado por la Sociedad de Naciones —antecesora de la ONU, que había sido creada con el Tratado de Versalles—, e inició su descomposición en octubre de 1935, cuando Italia, miembro de la Sociedad, invadió Etiopía, que también era miembro. Tras las condenas y las sanciones iniciales, la tácita aceptación internacional de la conquista lanzó un claro mensaje: el sistema surgido de Versalles ya no suponía una protección, y Hitler tomó nota de inmediato.

2. El secretario y el subsecretario británicos de Asuntos Exteriores.

3. El primer ministro de Francia y su ministro de Asuntos Exteriores.

nión internacional se pusiera frente a ella, ni más ni menos que el público de cine, cuando, en un drama del Oeste, silba a los malos y vitorea a los buenos. La opinión internacional es, después de todo, tal y como la hacen los políticos, los editorialistas y demás gente de ésa que los franceses designan con el título de *bourreurs de crânes*.[4] Cree en la virtud íntegra y en el vicio totalitario. Cree en los caracteres de una sola pieza y acepta a pies juntillas el que un pueblo entero sea traidor; otro, víctima; otro, héroe, etcétera, etc.

Puestos, pues, a organizar la próxima guerra que, a un plazo más o menos largo, es de todo punto inevitable, la distribución de los papeles a desempeñar en ella adquiere una importancia primordial. Se trata de poner en escena la fábula, que tuvo tanto éxito en la temporada anterior, del infame dragón, la dulce princesa y el noble caballero sin miedo y sin tacha, pero ¿quién va a hacer de dragón?

Hace falta un dragón, señores fabricantes de pertrechos bélicos. Hace falta un dragón con la mayor urgencia. Si no hay dragón no hay víctima y, si no hay víctima, no hay Sigfrido, ni San Jorge; y si no hay Sigfrido ni San Jorge, no hay más que una matanza estúpida, repugnante y brutal. No es lo mismo enviar unos soldados al frente para que se maten con otros soldados como ellos que mandarlos para exterminar al dragón. Un dragón es lo único que puede justificar y ennoblecer la próxima guerra y, como el tiempo apremia porque la guerra puede estallar de un momento a otro por cualquier causa más o menos fortuita, de ahí la inquietud que se observa en los llamados medios internacionales, no muy diferentes, por cierto, de nuestros castizos medios tauromáquicos.

4. Literalmente, «rellenadores de cráneos» (lavadores de cerebros, adoctrinadores, propagandistas).

Cada pueblo trata de echar sobre los otros la responsabilidad de lo que pueda ocurrir, pero lo cierto es que, en lo que puede ocurrir, todos habrán tenido su tanto de culpa. Unos por jactancia y otros por miedo, éstos por acción y aquéllos por omisión, todos habrán contribuido estúpidamente a desencadenar esa catástrofe espantosa, en la que, desde luego, ninguno va a ganar absolutamente nada...

ITALIANOS Y ETÍOPES
ABC, 22 de agosto de 1935

Yo no sé si llegará a estallar la guerra italo-etiópica. Esperemos que no; pero aunque un milagro divino logre evitar la temida hecatombe, no por ello dejarán de irse a las manos en España estos dos grandes núcleos beligerantes que ya empiezan a hacer su aparición en el horizonte nacional: los italianistas y los etiopistas. Es decir, que tal vez no haya guerra italo-etiópica ni en Italia ni en Etiopía, pero esto no basta, porque en España es de todo punto indudable que la habrá.

En España hay todas las guerras, aunque nuestra Constitución no admita ninguna, y yo todavía recuerdo el tesón con que, del año 14 al 18, lucharon aquí germanófilos y aliadófilos. Ya hacía seis o siete días que, según el comunicado oficial de los aliados, se había rendido Lieja sin que hubiese medio humano de que nuestros aliadófilos evacuasen la plaza. Por su parte, los alemanes continuaban todavía haciendo esfuerzos inútiles para apoderarse de Verdún, cuando ya los germanófilos lo habían tomado heroicamente por asalto. El guerrero germanófilo era algo mucho más terrible que el guerrero germano, así como no había soldado de ninguna nación aliada que tuviese el ímpetu arrollador de los soldados aliadófilos. No sé quiénes ganaron la guerra, si los aliadófilos o los aliados. Lo que sé es que, de no ser por los alemanes, los germanófilos no la hubiesen perdido nunca...

Como digo, en España hay todas las guerras, y ahora, aunque la cosa parezca a primera vista bastante difícil, va a haber nada menos que una guerra italo-etiópica.

—¿Tan sensibles son los españoles a la política internacional? —podría preguntarme algún lector poco familiarizado con nuestras costumbres.

Pero no se trata de política internacional, sino de política nacionalísima. El litigio entre Italia y Abisinia[1] nos tiene a todos enteramente sin cuidado. Lo que ocurre es que en España hay, desde tiempo inmemorial, dos grandes bandos que se tiran al degüello, y, cuando en el mundo surgen dos naciones o dos grupos de naciones que quieren tirarse al degüello, entonces cada bando se va con la nación o el grupo más afín, no tanto por deseo de exterminar al otro grupo o a la otra nación, como por afán de degollar al otro bando. Así, al etiopista español le importa generalmente un bledo la independencia abisinia, pero como esta independencia se encuentra amenazada por Italia, que es un país fascista, él, hombre de izquierdas, se proclama etiopista. En cuanto al italianista, no es que sienta una predilección especial por la polenta o el queso de Parma, pero, si las izquierdas se van con Etiopía, su deber está bien claro: ayudar a los italianos a zurrar a los etíopes.

Todos los conflictos bélicos que estallan en el mundo no nos interesan nunca, a los españoles, más que en cuanto pueden suponer una variación táctica de nuestra anti-

1. Antigua denominación de la actual Etiopía. En las páginas que siguen, el autor emplea indistintamente ambos términos.

gua e interminable guerra civil. Unas veces hacemos de rusos y japoneses, otras de aliadófilos y germanófilos, y ahora, aunque no pase nada en Abisinia, ahora vamos a hacer de etíopes e italianos.

LA SUERTE DE ETIOPÍA
ABC, 22 de septiembre de 1935

¿Que nadie sabe lo que va a pasar en el conflicto italo-etíope? Yo, por mi parte, lo sé perfectísimamente: va a pasar que de la pobre Abisinia no quedarán ni los rabos. Si los italianos no se la meriendan solos, se la merendarán en compañía de otros comensales, pero lo que no tiene vuelta de hoja es que, al fin y a la postre, Abisinia acabará siendo solemne y concienzudamente merendada.

Probablemente, la merendona se hará de común acuerdo entre unos y otros para mayor gloria de la civilización europea, y ya verán ustedes en este caso cómo los que ahora se muestran más desganados y escrupulosos no son, precisamente, de los últimos en picar. Picarán todos, y si al final sobra alguna provincia, más o menos pedregosa, árida e insalubre, será como esa aceituna que, entre personas de buena compañía, es costumbre dejar en el plato y a la que se denomina corrientemente la aceituna de la vergüenza.

Sí, señores. Esto es lo que pasará en el conflicto italo-etíope, si Dios o Madariaga[1] no lo remedian, pero ¿quién

1. Salvador de Madariaga (1886-1978), escritor, político y diplomático, era por entonces el delegado español en la Asamblea de la Sociedad de las Naciones.

piensa en Etiopía al hablar del conflicto italo-etíope? Se piensa en Italia y en Inglaterra. Se piensa en Francia. Se piensa en Alemania. Se piensa en el Japón. Se piensa en Rusia. Se piensa hasta en Asturias y en Cataluña. Se piensa en el fascismo y en el bolchevismo. Se piensa en las razas blancas y en las razas de color. Se piensa en el equilibrio europeo y la Sociedad de Naciones. Se piensa en Gil-Robles. Se piensa en Azaña. Se piensa en todo, en fin, pero ni por una de esas extrañas e incongruentes asociaciones de ideas que ocurren alguna vez, se le ocurre a nadie pensar en Etiopía o en los etíopes.

Por lo que a mí respecta, me apresuro a declarar que no tengo nada de etiopista. Ese Imperio que Mussolini define como semibárbaro está muy lejos de inspirarme una predilección especial, y no precisamente por lo que tiene de bárbaro, sino más bien por lo que tiene de civilizado. Nunca me han sido muy simpáticos los pueblos que, considerándose de una raza elegida o una cultura superior, se atribuyen misiones civilizadoras con respecto a los demás, para que me lo sea ahora esta Etiopía que, rodeada de tribus enteramente salvajes, estuvo haciendo de Atenas con ellas durante una serie de años, hasta que acabó conquistándolas y reduciéndolas al estado de esclavitud.

No. No tengo nada de etiopista, pero esto no importa para que, en el conflicto italo-etíope yo crea que, de vez en cuando y aunque sólo sea como una ligera variante, se debe también hablar un poco de la pobre Etiopía.

UNA GUERRA MUNDIAL
ABC, 10 de octubre de 1935

Ya está en marcha la guerra italo-abisinia. Ahora lo que nos asusta son las complicaciones que puedan derivarse de ella.

Si en el año catorce —pensamos—, cuando no existía aún la Sociedad de Naciones, se logró enzarzar unos contra otros a tantos y tan diferentes pueblos, ¿qué no ocurrirá hoy con un organismo internacional tan poderoso como el de Ginebra funcionando a todo vapor?

Yo siempre creí que la próxima guerra mundial saldría de la Sociedad de Naciones. Un día, en una frontera más o menos remota —digamos, por ejemplo, la frontera kazakstano-turkmenistana—, un carabinero le daría el alto a un contrabandista. El contrabandista echaría a correr, el carabinero dispararía su fusil y un turista sueco que anduviese por allí observando el paisaje o cazando mariposas caería muerto de un balazo. Ya ven ustedes qué cosa más natural, corriente y sencilla. Pues de esta cosa tan sencilla, natural y corriente saldría la guerra más espantosa que hubiesen visto nunca los siglos.

—¿Una guerra entre Suecia y el Kazakstán? —preguntarán ustedes.

—No, señores.

—¿Entre el Kazakstán y el Turkmenistán? —volverán a preguntar.

—Tampoco.

—¿Entre el Turkmenistán y Suecia? —preguntarán por último.

Y nuevamente será forzoso darles a ustedes una contestación negativa. En efecto, la guerra por el incidente sueco-turkmenistano-kazakstano se desarrollaría entre Italia, Alemania, Honduras, el Japón, Polonia, Checoslovaquia, la República Argentina, Portugal, Chile, Yugoeslavia, Nicaragua, Costa Rica, Rumanía, España, Finlandia, Méjico, Rusia, Inglaterra, Colombia, Francia, Venezuela, etc., etc., y ello sería la consecuencia directa de tener en Ginebra la mayoría de estas naciones un organismo formidable encargado de velar por la paz del mundo.

El procedimiento ya lo conocen ustedes. Comisiones, subcomisiones, discursos, memorias, cabildeos, pactos, votaciones, conferencias...

Desde luego, nada más lejos de mi ánimo que negar la buena intención de la Sociedad de Naciones en la que España tiene, por lo menos, a dos hombres de primera clase, en los que puede depositar su confianza —Salvador de Madariaga y José Pla—,[1] pero hay amigos que con la mejor intención del mundo le meten a uno en líos verdaderamente espantosos...

---

1. En el segundo caso, se trata seguramente no del célebre Josep Pla i Casadevall, sino de José Pla Cárceles, quien era en Ginebra jefe de la Sección de Información de la Sociedad de las Naciones.

PRINCIPIOS Y CONSECUENCIAS
ABC, 25 de octubre de 1935

Se trata de salvar a la Sociedad de Naciones, puesta en gravísimo trance con la invasión de Abisinia por los italianos, y el propósito es digno de las mayores alabanzas porque, con todos sus defectos, la Sociedad de Naciones constituye un instrumento insustituible para la paz del mundo. Lo malo es que, para salvar este instrumento de paz, podemos enzarzarnos todos en una guerra espantosa. Podemos, sencillamente, hacernos papilla los unos a los otros con los acorazados y los submarinos y la aviación y los tanques y los gases tóxicos y las bacterias,[1] y aunque al final hayamos salvado el instrumento, resultará muy difícil persuadirnos de que hemos salvado la paz. Por mi parte, me parece muy bien que haya en el mundo un instrumento de paz, pero me parece mejor todavía que haya paz aunque sea sin instrumento. Es decir, que para salvar a la Sociedad de Naciones, consideraré justificado cualquier

1. En la invasión de Etiopía, Italia recurrió a las armas químicas, en particular, los gases asfixiantes, contraviniendo así los Convenios de Ginebra, que prohibían su uso en la guerra (tras las traumáticas experiencias de la Primera Guerra Mundial). Más adelante, dada la resistencia de los etíopes, Mussolini se planteó incluso recurrir a la guerra bacteriológica.

sacrificio, excepto, naturalmente, el sacrificio de una guerra mundial.

¡Una guerra mundial para salvar a la Sociedad de Naciones!... La proposición es, por lo menos, paradójica. Probablemente, si se desencadena una guerra mundial no quedará a su término ni una sola nación para contarlo. Sólo quedará la Sociedad de Naciones celebrando, como si tal cosa, sus asambleas en un mundo de escombros humeantes. No habrá quizá Polonia ni Rumanía, pero habrá, eso sí, delegado polaco y delegado rumano y, sobre todo, habrá esa cosa mágica, esa entidad misteriosa, impersonal y cabalística que se llama el *Covenant*.[2] ¿Le interesa a usted mucho el *Covenant,* amigo lector? Porque, desde luego, yo confieso que a mí sí me importa. Me importa el *Covenant* en cuanto puede servir para garantizar mi vida y la de los míos como ciudadano que soy de un país débil y expuesto a agresiones, pero si, al contrario, el *Covenant* me exige que yo arriesgue mi pelleja para defenderlo a él, la cosa varía de un modo muy considerable.

Ya sé lo que se me puede objetar: que, si no se mantiene el principio de la no agresión en el caso de Abisinia, tampoco podrá esperarse que sea mantenido en otros casos, ya que en la Sociedad de Naciones estos servicios deben tener un carácter mutuo —hoy por ti y mañana por mí— etcétera, etcétera. Todo lo cual posee evidentemente su razón y su peso, pero no destruye en nada mi tesis, que, en pocas palabras, viene a ser ésta: mientras para mantener el principio de la no agresión no conozcamos más procedimiento que el de agredirnos unos a otros con dientes y uñas, mejor nos será tener menos principios a la vez que muchas más uñas y muchos más dientes.

2. Pacto, compromiso (de la Sociedad de Naciones).

LA MERCERÍA INTERNACIONAL
ABC, 26 de octubre de 1935

Cuando, a raíz de la guerra franco-prusiana, la República francesa firmó su alianza con Rusia, ¡menudo escándalo el que armaron las izquierdas en el país vecino! Discursos de Jaurès y Madame Séverine, cartas de Anatole France, caricaturas de Forain y Steinheil en *L'Assiette au Beurre* y un artículo apocalíptico de Laurent Tailhade, que estuvo rodando luego durante años y más años por la prensa revolucionaria de todo el mundo y que se titulaba, si mal no recuerdo, «El triunfo de la domesticidad»...

La algarabía promovida en aquella ocasión por las izquierdas francesas sólo puede compararse a la que promovieron las derechas cuando, proclamado ya en Rusia el comunismo, Francia volvió a aliarse con la gran nación moscovita. Para los franceses de derechas, Rusia es hoy un país de izquierdas, así como, para los franceses de izquierdas, era antes un país de derechas. Lo cierto, sin embargo, es que no hay países de derecha ni países de izquierda. El país más liberal del mundo puede adoptar mañana un régimen autocrático, y viceversa, pero lo que no puede hacer país alguno es cambiar de domicilio y trasladarse de un continente a otro como si fuera un simple particular. Así, la Rusia comunista está ahora en el mismo sitio donde estaba anteriormente la Rusia zarista, y, como en materias de política internacional quien decide es la geografía, Francia pacta hoy con Stalin o con Kalinin de igual manera que pactaría con el moro Muza si el moro Muza fuese jefe del Gobierno ruso.

Todo lo cual no es más que un ejemplo que me permito exponer a la consideración de nuestros etiopistas, anglófilos, italianizantes, etc., etc. Evidentemente cada uno puede tener sus simpatías en el conflicto actual, pero eso de coadyuvar al triunfo o a la derrota de un determinado país, porque este país tenga un régimen fascista o un régimen democrático, revela que en cuestiones de política exterior no hemos pasado aún de las primeras letras. No se puede entrar en la política internacional como se entra en una tienda de mercería. Las naciones no son corbatas o calcetines, para que uno vaya a escogerlas con arreglo a sus gustos particulares y según tengan o no una franja roja o una cenefita blanca en la bandera. Yo he hablado estos días con un señor que, por todo argumento para justificar su deseo de un desastre italiano, me decía que le fastidiaba la teatralidad de Mussolini. De igual modo me podía haber dicho que le fastidiaban los macarrones, pero eso de que le fastidiaba la teatralidad de Mussolini me pareció algo así como si le fastidiase la teatralidad de Borrás o de Ricardo Calvo,[1] porque Mussolini viene a ser, como si dijéramos, el hombre anuncio de la nueva Italia, y porque llevando ya diez o doce años en la escena, tiene forzosamente que cuidar sus gestos y que estudiar sus actitudes como todo gran actor.

No. No se puede proceder en política internacional de una manera tan simplista. Cuando Mr. Eden fue a Mos-

1. En referencia al actor Enrique Borrás Oriol y al actor y director de teatro Ricardo Calvo Agostí.

cú, los rusos lo recibieron a los acordes del *God Save the King,* que es el himno más monárquico de la tierra, y yo estoy seguro de que, en circunstancias parecidas, el propio Rey Jorge no tendría inconveniente alguno en saludar a los rusos con *La Internacional.* Después de todo, *La Internacional* viene a ser, por decirlo así, el *God Save the King* de los rusos, y el *God Save the King,* por su parte, no es otra cosa que *La Internacional* de los ingleses.

Dejémonos, pues, de simpatías y de preferencias. En el conflicto actual, por lo demás, todos tienen razón, pero poca, como dicen los brasileños, y todos tienen culpa, pero mucha, como puede decir cualquier persona de buen sentido.

GUERRA A LA GUERRA
ABC, 4 de octubre de 1935

¿Quiere usted un buen consejo, amigo lector? Pues, cuando al pasar por la calle, tropiece usted con una manifestación pacifista, hágase cuenta de que se ha desmandado un toro y métase corriendo en el primer portal. Yo no he visto en toda mi vida manifestaciones menos pacíficas que las manifestaciones pacifistas. Vi manifestaciones comunistas y manifestaciones fascistas, manifestaciones rojas y manifestaciones negras, manifestaciones monárquicas en países republicanos y manifestaciones republicanas en países monárquicos. Vi, en fin, toda suerte e índole de manifestaciones, porque nuestra época se caracteriza, ante todo, por una tendencia irrefrenable al procesionalismo o exhibición en masa, y he observado que ninguna de ellas acaba nunca tan mal como las manifestaciones pacifistas. Por donde quiera que pasen unos cuantos millares de hombres enarbolando enseñas de paz y de concordia, ya se sabe que no queda vidrio entero ni teja sana.

—¡No queremos más guerras! —gritan los pacifistas—. ¡Que la fuerza del derecho triunfe sobre el derecho de la fuerza!...

Y, para que la fuerza del derecho triunfe sobre el derecho de la fuerza, apedrean Legaciones y Consulados, arrancan de cuajo los árboles de los paseos y no tienen mayor inconveniente en lanzarse a fondo contra los encargados de custodiar el orden público.

En Inglaterra se define a esta clase de manifestantes, tan numerosos allí, con el nombre de *bloodthirsty pacifists* o pacifistas sanguinarios. También, como *fist* en inglés significa puño, se dice de ellos que son *paci-fists with the accent on the fist*, esto es, pacifistas con el acento en los puños u hombres que pretenden imponer la paz a fuerza de puñetazos.

Por lo que respecta a España, nadie, que yo sepa, quiere en ella la guerra, pero una cosa es no querer la guerra y otra muy distinta ser pacifista. Al hombre pacífico le basta con que no haya guerras o con que éstas no le toquen de cerca para vivir satisfecho. El pacifista, en cambio, considera la paz como una cosa positiva que hay que imponer en el mundo a todo trance, por las armas si es necesario, y aunque los hombres no se estén peleando en parte alguna. En rigor, el ideal del pacifista no es precisamente la paz, sino el pacifismo, y ¿cómo va a haber pacifismo habiendo paz? Militantes, mílites, soldados, en suma, de una idea, desde luego muy respetable, los pacifistas constituyen hoy un ejército que a mí, hombre pacífico, me infunde verdadero pavor, y, cuando los veo pasar por la calle cantando himnos a la fraternidad humana, ¡qué quieren ustedes!, doy media vuelta y corro a ponerme a salvo...

EL «BRIDGE» Y LA GUERRA
ABC, 24 de noviembre de 1935

Un primer ministro de una gran potencia visita a otro primer ministro de otra gran potencia. «La conversación de ambos primeros ministros —dicen luego las agencias oficiosas reseñando esta entrevista— se ha desarrollado en una atmósfera sumamente cordial y, en lo sucesivo, será proseguida por las vías diplomáticas habituales». Naturalmente, el lector de buena fe no entiende ni jota de este lenguaje sibilino. Su traducción sería, más o menos, como sigue: «La conferencia que el primer ministro de la potencia A celebró con el primer ministro de la potencia B puede considerarse como un fracaso rotundo. Ambos señores, lejos de mejorar las relaciones que existían entre sus países respectivos, las han empeorado de un modo lamentable, pero no todo está aún completamente perdido y se espera que los esfuerzos combinados del embajador de A en B y el embajador de B en A logren normalizar la situación».

Se han dicho horrores de la vieja diplomacia —de los embajadores residentes, con sus tés, sus bailes, sus partidas de *bridge* o de *mah jong* y todas sus cursilerías—, pero ¿qué no podría decirse de la nueva? Con la nueva diplomacia, los antiguos embajadores han quedado reducidos a una condición bien triste, mitad de intérpretes y mitad de hoteleros. Llega a una capital un primer ministro o un ministro de Relaciones Exteriores en funciones de superembajador, y allá va su embajador residente a recibirlo a la estación, a enseñarle los monumentos más notables, a prepararle alojamiento, a organizarle una cena y a llevarlo al teatro. Y luego, cuando se celebra la tan anunciada entrevista de que está pendiente media Europa, el embajador traduce, suaviza, recalca o atenúa según su leal saber y entender, porque no en balde lleva el hombre una larga temporada de residencia en el país y conoce el terreno mucho mejor que el superembajador.

La diplomacia antigua no ha evitado, es cierto, la guerra del año 14. ¿Evitará la del 36 o 37 esta nueva diplomacia de negociaciones directas entre primeros ministros y ministros de Relaciones exteriores?

La cosa empezó, que yo recuerde, con Briand y Stresemann. Luego siguieron Laval, MacDonald, Herriot, Schacht, Dollfuss, Hitler, etc., hasta acabar en este elegante y juvenil capitán Eden, verdadero embajador universal que lo mismo sirve para Berlín que para Moscú y para París que para Roma y que, habiendo ofrecido un día a Mussolini un trozo de la Somalia inglesa, produjo un gran revuelo en la Cámara de los Comunes, donde se preguntó que quién era el capitán Eden para distribuir entre sus amistades más superficiales trozos del Imperio británico...

Por lo que a mí respecta, la nueva diplomacia me inspira aún menos confianza que la vieja. Se dice que la vieja no hacía nada, pero ¿qué más quisiéramos hoy, tal y como están las cosas en el mundo, que una diplomacia que no hiciese nada? El *bridge* será cursi, no lo niego ni lo afirmo, pero, en último término, más vale jugar al *bridge* que jugar a la guerra.

AL BORDE DE LA GUERRA
ABC, 10 de septiembre de 1935

Hay muchas gentes que desean la guerra, una buena guerra mundial que agote en un dos por tres todas las reservas del mundo y permita a los hombres de iniciativa hacerse millonarios de la noche a la mañana. El único inconveniente que estas gentes le ven a la guerra es la posibilidad de ser alcanzados por ella, y, como esta posibilidad va aumentando a medida que se crean nuevos medios de combate y destrucción, no es extraño que las personas más deseosas de una guerra sean, al mismo tiempo, las que se muestran más humanitarias respecto a su forma y desarrollo.

Por mi parte, yo no soy de los que se escandalizan por la guerra química o la guerra bacteriológica.[1] Si a los progresos materiales del siglo xx no corresponde un progreso espiritual que haga imposibles las guerras, será forzoso aceptar éstas con todas sus consecuencias, aunque, a la par de los inocentes, puedan sucumbir también algunos especuladores. La guerra química y la guerra bacteriológica ponen evidentemente en peligro a la población civil de los Estados beligerantes, compuesta en general de mu-

---

1. Como ya se ha dicho, Italia recurrió a las armas químicas en la invasión de Etiopía, y se planteó recurrir a la guerra bacteriológica.

jeres, niños y ancianos; pero, si reflexionamos un poco, veremos que ningún ejército agresor se ha propuesto nunca otra cosa que atacar a los ancianos, a los niños y a las mujeres del país agredido. Para esto, naturalmente, tenía que deshacerse antes del ejército contrario, y, cuando lo conseguía, el país vencido se apresuraba a capitular, no por el hecho concreto de encontrarse sin ejército, sino porque, como consecuencia de este hecho, su población civil quedaba indefensa a merced del enemigo. Es decir, que al darle al vencedor dos o tres provincias, pongamos por caso, lo que hacía el vencido era comprar por ese precio la vida y la libertad de los suyos en las provincias restantes.

La guerra química y la guerra bacteriológica no alteran, por lo tanto, en nada el viejo espíritu bélico. Al contrario. Permitiendo que cada ejército se salte los otros a la torera y vaya directamente a destruir las poblaciones civiles enemigas, realizan de un modo absoluto el ideal guerrero de todos los tiempos. Ello es bárbaro y cruel, no cabe duda, pero la solución no está en condicionar las guerras, sino en imposibilitarlas. Pretender que, teniendo gases tóxicos y cultivos bacteriológicos a su disposición, los ejércitos se ataquen únicamente a tiros es como si, a raíz de inventadas las armas de fuego, se hubiera querido que siguiesen luchando a palos y mandobles. Y no me hablen ustedes del progreso, que es precisamente el que tiene la culpa de todo. No. No me hablen del progreso. No diré yo que el hombre actual, a quien se deben tantas maravillas, sea más bruto que el de las cavernas; pero, como su conducta moral tampoco permite afirmar que lo sea menos, habrá que registrar el hecho, nada tranquilizador ciertamente, de que es un bruto muchísimo más científico, es decir, un bruto con una técnica sutil y formidable al servicio de su brutalidad.

LOS PSIQUIATRAS Y LA GUERRA
ABC, 20 de noviembre de 1935

Hace ya bastantes años fui un día a Leganés para visitar, en compañía de otros periodistas madrileños, el manicomio del doctor Esquerdo. Los locos andaban completamente sueltos por la finca, y ni en sus palabras ni en su vestimenta podía advertirse nada de anormal. Sólo el doctor Esquerdo, alto, con sus barbas flotantes y su chistera despeinada, le daba algún carácter al establecimiento. Llegada la hora de cenar nos reunimos todos en un salón, y a los postres, hubo un loco que se levantó y dijo lo siguiente:

—Brindo por la prosperidad de esta casa. Brindo por los periodistas madrileños que nos honran con su presencia y, sobre todo, brindo por el doctor Esquerdo, gracias a cuyos cuidados no tardaremos en recobrar la razón, que tanta falta nos hace...

Aquellas palabras no se han borrado todavía de mi memoria. ¡Qué iba a faltarle la razón al hombre del brindis! Al contrario, le sobraba, y de ahí provenían todos sus males. El exceso de capacidad razonada le había trastornado el seso y lo había vuelto completamente loco...

La locura es algo muy vario, complejo y sutil. Así, cuando yo veo a una de esas personas tan sensatas que nunca, ni en los momentos más críticos de su vida, pro-

nuncian una palabra insegura o formulan un juicio preci-
pitado, no puedo abstenerme de pensar que la persona en
cuestión está, poco más o menos, como una cabra, animal
que ya desde la antigüedad latina viene sirviendo de símbolo a la locura, según se demuestra con la etimología del
vocablo *capricho*.

Todo lo cual viene a cuento de ese Comité de profi-
laxia antibelicosa que acaba de constituirse en La Haya, y
del manifiesto que trescientos treinta y nueve psiquiatras
de diversos países han lanzado al mundo, ofreciendo su
concurso profesional para impedir las guerras. Que el
mundo no está del todo en sus cabales es cosa que ya ve-
níamos sospechando muchos desde antiguo. Nadie suponía, sin embargo, que se encontrase lo suficientemente
loco para creer, por ejemplo, que el actual conflicto internacional se puede resolver con unas cuantas dosis de bromuro...

Ignoro si entre los firmantes del manifiesto figura algún psiquiatra español. Sospecho que sí, porque los españoles, que tenemos tan buenos locos, tenemos también,
como es natural, excelentes psiquiatras. El periódico de
donde recojo mis informes sólo nombra, sin embargo, a
los firmantes italianos del manifiesto: doctor M. L. Bian-
chini, con graduación de teniente coronel en las reservas
fascistas, y Professore Del Greco, director del hospital Psi-
copático de Aquila.

En resumen, el manifiesto de los trescientos treinta
y nueve especialistas dice que el mundo está sufriendo
actualmente una psicosis guerrera, que la fuerza sugestiva
de los discursos que pronuncian los grandes políticos pone
a los pueblos en un estado de neurosis propicio a alucina-
ciones gravísimas, y que ellos, los psiquiatras, consideran
que su ciencia se encuentra lo suficientemente adelantada

para conjurar todos los peligros si les dejan actuar libremente. En una palabra, los psiquiatras pretenden que el mundo se convenza de que está loco, y que, una vez convencido, se ponga en tratamiento diciéndoles a ellos:

—Aquí estoy. A ver si ustedes logran devolverme la razón, que tanta falta me hace...

El propósito es generoso, no cabe duda, pero mucho me temo que no dé un gran resultado. Los abogados de Ginebra embrollarán cada vez más los conflictos internacionales, pero ¿qué no harían los médicos de La Haya? Y ¿a qué precio no iba a ponerse el bromuro si les dejáramos recetarlo en cantidad suficiente para calmar un poco los nervios de esta pobre Humanidad?

LA HERENCIA HUMANA
Ahora, 9 de junio de 1936

Cuando, en una visita que hice días atrás al Instituto de la Herencia Humana, le hablé a su director de ese pueblo de Castilla cuyos vecinos tienen todos, por lo menos, seis dedos en cada mano, el hombre se quedó bastante sorprendido. Allí únicamente aparecían registrados dos casos análogos: el del sultán de Pontianak, en Borneo, y el de los «Cleppie Bells», en Escocia. El sultán de Pontianak, lo mismo que toda su familia, tiene también unas manos multidigitales, mientras los «Cleppie Bells» sólo cuentan dos dedos en cada una de ellas. Por lo que respecta al pueblo castellano de que yo hice mención, siento mucho no recordar su nombre; pero la revista *Estampa* publicó hace tiempo, con gran acopio de fotografías, una curiosísima información acerca de él.

Claro está que el Instituto de la Herencia Humana se refiere a la herencia biológica y no a la de bienes o capitales, terriblemente gravada hoy por el Fisco en cada país. En Inglaterra, por ejemplo, cuando se muere un prócer o un magnate, todos sus allegados se echan a temblar ante la idea de que les deje algún castillo valioso y, en vez de tres o cuatro chelines por libra esterlina de renta, se vean obligados en lo sucesivo a pagar diez o doce. La propiedad privada es actualmente, por unas razones y por otras, punto menos que intransmisible, y, de padres a hijos, sólo se transmiten ya el bocio, la tuberculosis, el cretinismo, el genio y demás taras fisiológicas de la humanidad. Naturalmente, en estas condiciones no hay compensación ni equilibrio; y no es que el Instituto de la Herencia Humana, recientemente constituido en Londres por acuerdo de un Comité internacional y primero de su clase que funciona en el mundo, venga precisamente a remediar estas cosas, pero sí viene a estudiarlas. Viene a estudiar nuestra herencia biológica, igual que se estudia no ya la del ganado caballar o vacuno, sino también la del espárrago, el perejil, la zanahoria y el repollo.

Por mi parte, confieso que nunca he sido muy partidario de la eugenesia, cuyas enormes posibilidades me causan verdadero pavor. Recuerdo que, a mi llegada a Londres, se celebraba aquí el cincuentenario de Mr. Cruft, creador a la vez de las Exposiciones de perros y de los perros de las Exposiciones. Cuando Mr. Cruft comenzó su negocio no había, en efecto, más que diez o doce clases de perros en el mundo: el podenco, el galgo, el mastín, el perdiguero, el *fox terrier,* el perro de presa, etc. Diez o doce clases de perros y un solo perro, en realidad, aristocrático: ese horrible y estúpido pekinés — ¡perdón, señoras mías! — que, a lo largo de muchos siglos y mientras sus congéneres se buscaban la vida cazando ratas y topos, arrastrando trineos o acompañando a ciegos, no había hecho otra cosa más que dormitar sobre cojines de seda y comer raíces de loto sagrado en platos de la más fina e ilustre porcelana. Para darle interés a sus Exposiciones, *mister* Cruft tuvo que lanzar cada año nuevos modelos de perros, y de ahí ha salido esa enorme variedad que asombraría al viejo Noé si el hombre del arca pudiese hoy levantar la cabeza. A unos perros les alargaba el cuerpo y les recortaba las patas, dándoles una apariencia así como de cocodrilos ladradores, y a otros, en cambio, les infundía un aspecto tan grave y doctoral que, a primera vista, no parecían sino el resultado de un cruce con profesores alemanes. Mr. Cruft hizo con sus perros las mayores herejías, y, dadas las tendencias totalitarias del mundo moderno, ¿qué no pasará el día en que la genética humana sea tan conocida como la perruna y los dictadores se propongan aprovecharla en beneficio del Estado?

Por eso yo he salido un poco *fly* (*fly* quiere decir mosca) del Bureau of Human Heredity o Instituto de la Herencia Humana cuando lo visité días atrás en su modesta instalación de Gower Street. ¡Qué quieren ustedes! En el estado actual del mundo, la ciencia me da el mismo miedo que me daría una ametralladora en manos de un chimpancé.

ÍNDICE ONOMÁSTICO

ESTA PRIMERA EDICIÓN
DE «AL BORDE DE LA GUERRA»,
DE JULIO CAMBA,
SE TERMINÓ DE IMPRIMIR
EN BARCELONA
EN EL MES DE MARZO
DE 2026

TÍTULOS PUBLICADOS